Gütersloher Taschenbücher / Siebenstern 329

Josef Sudbrack

Komm in den Garten meiner Seele

Einführung in die christliche Mystik

Gütersloher Verlagshaus
Gerd Mohn

Originalausgabe

CIP-Kurztitelaufnahme der Deutschen Bibliothek

Sudbrack, Josef:
Komm in den Garten meiner Seele: Einf. in d.
christl. Mystik / Josef Sudbrack. – Orig.-Ausg. –
Gütersloh, Gütersloher Verlagshaus Mohn, 1979.
(Gütersloher Taschenbücher Siebenstern; 329)
ISBN 3-579-03744-7

ISBN 3-579-03744-7

Gesamtherstellung: Clausen & Bosse, Leck
Umschlagentwurf: Dieter Rehder, Aachen
Printed in Germany

Inhalt

I. Erfahrung Gottes

Eine Orientierung über die christliche Mystik

Alle Religionen fragen nach der Erfahrung des Letzten, worum es eigentlich geht, nach dem Lebenssinn, dem Göttlichen, nach Gott. Wer verstehen will, was eine Religion, eine Heilslehre zu sagen hat, muß zu ihren Erfahrenen gehen, denen die Mitte ihrer Weltdeutung zum Erleben geworden ist – oder doch zum Stachel der Sehnsucht, der sie hinstreben ließ nach dem, den sie Gott oder das Göttliche oder den Sinn oder das Sein nennen.
Auch im christlichen Raum nennen wir diese Erfahrenen »Mystiker«.

A. Erfahrung in Einsamkeit oder im Lebenskreis des Glaubens

Am Anfang der christlichen Mystik steht die Begegnung; nicht irgend etwas Absonderliches, wie man gelegentlich sagt; weder eine außergewöhnliche leibliche Erfahrung noch ein Innenerlebnis, das aus dem Normalen herausfällt. Was dem christlichen Mystiker in der Mitte seiner Erfahrung widerfährt, trägt keinen besseren Namen als den der Begegnung.
Aber was oder wer ihm da begegnet, ist ungeheuer, unfaßbar, überwältigend. Alles Vorherige wird weit überstiegen; menschliches Sagen wird zum Stammeln, zum Schweigen; die Fassungskraft öffnet sich ins Geheimnis; alles, was man an Meinung und Erfahrung danebenstellen mag, sinkt zurück ins Belanglose und Geringfügige. Der Mystiker ist so er-»griffen«, daß alles Vergangene ins Vergessen sinkt.

Doch dann versucht er, die Begegnung in sein Leben zu übersetzen, sie im Wollen und Denken und Tun fruchtbar werden zu lassen. Hier hat die christliche Mystik nur eine Stimme: Wo diese Transponierung der Erfahrung ins Leben nicht geschieht, war wohl auch die Erfahrung selbst eine Täuschung. Nur die vom Tun ratifizierte Erfahrung ist echt.

Damit beginnt zugleich das Gespräch mit der Umwelt, mit den anderen Menschen, mit der Kirche, mit der Sprache, die der Mystiker spricht, und mit den Bildern, die er in sich trägt. »Was hast du erfahren? Gott oder ein Trugbild? Den Unendlichen oder die Unendlichkeit deiner Seele?« Sein Erleben versichert ihm, Gott sei entgegengekommen; doch weil eine Gottesbegegnung alles Vorstellbare übersteigt, weiß sich der Mystiker zu schwach für die Erfahrung. Er sucht den Halt des Glaubens. Bei manchem der Gotterfahrenen war es die Glaubensklugheit, die ihn ins Gespräch wies; oft vernahm der Mystiker sogar mitten in der Erfahrung die Weisung, Rat und Halt zu suchen. *Teresa von Avila* schreibt:

»Ratsam ist es, daß ihr euch gleich anfangs unter dem Siegel des Beichtgeheimnisses mit einem sehr gelehrten Mann besprecht; denn die Gelehrten sind es, die uns Licht bringen müssen. Oder beratet euch mit einem Mann, der im geistlichen Leben wohl erfahren ist . . .«

Manchmal hat dieses Gespräch des Erfahrenen mit den anderen, mit der Kirche und ihren Vertretern tragische Formen angenommen: Verdächtigungen, Beschuldigungen, Verurteilungen. Doch jedes wahre Gespräch ist ein Wagnis; man begibt sich ins Offene, Neue, in die Gefährdung. Der christliche Mystiker aber wagt dies, weil ihm mitten in der Erfahrung die Überzeugung geschenkt wird, daß die volle Erfahrung nur im Gespräch mit der Kirche erblüht, daß das »Ich« der Gotteserfahrung nur im »Wir« des Gottesglaubens zu Hause ist. Gerade diejenigen, die mit der offiziellen Kirche in Konflikt gerieten – *Eckhart*, *Fénelon*, *Teilhard* – wußten aus Erfahrung, was *Ignatius* in seinen Exerzitien schreibt:

»... daß zwischen *Christus* Unserem Herrn, dem Bräutigam, und

der Braut, *der Kirche*, der gleiche Geist waltet, der *uns* zum Heil unserer Seelen leitet und lenkt.«
Erst all das zusammen – die Urbegegnung mit Gott, die Verwurzelung im ganzen Menschen, auch in seinem Tun, das Gespräch mit dem größeren »Wir« des Glaubens – macht die christliche Mystik aus.
Deshalb war die christliche Mystik immer auch eine Gabe an die Kirche; die persönliche Erfahrung strahlte in das gemeinsame religiöse Leben hinein. So hat sich der kontemplative Orden der katholischen Kirche – die Karmeliten und Karmelitinnen – den Propheten Elija zum Patron gewählt; einen Mann also, der von der Gotteserfahrung auf dem »Karmel« weiterschritt zur Prophetenrede vor seinem Volk. Gotteserfahrung und Gemeinsamkeit des Glaubens sind keine Gegensätze, sondern haben ihre Einheit in der schöpferischen Wirklichkeit Gottes.

B. Die Gottheit oder der lebendige Gott

Die christlichen Mystiker sind überzeugt, daß sie dem lebendigen Gott begegnen. Auch wo sie vom »Göttlichen«, vom »Sein« oder gar vom »Nichts« sprechen, zeigt der Zusammenhang ihrer Worte, daß sie nicht Gottes Personalität übersteigen, sondern das Übergroße, alle Dimensionen Sprengende ins Wort fassen wollen. So kann auch an der christlichen Grundintention Meister Eckharts kein Zweifel herrschen, wie *A.-M. Haas* überzeugend gezeigt hat.
Doch die heutige Religionswissenschaft fragt weiter: Deuteten nicht die christlichen Mystiker unter dem Einfluß ihres personalen Gottesbildes instinktiv eine Erfahrung um, die in ihrer Tiefe etwas Unpersonales erreichte? Haben sie nicht als Begegnung »interpretiert«, was in Wirklichkeit ein Versinken in die Ur-Einheit des Seins war? Nach »Wörterbuch der Religionen« (Hg.: von Campenhausen, 3. Aufl., Stuttgart 1976) ist personale Mystik ein entstelltes Zurückbleiben hinter der Radikalität der umfassenden Mystik. Mystik wird dort definiert als:

»Aufhebung des religiösen Ich-Du-Verhältnisses, d. h. Aufgehen des Menschen in Gott oder im Göttlichen ... ja vielleicht in etwas, das noch hinter Gott liegt, in einem ›Leeren‹ oder ›Nichtseienden‹.«

Konsequenterweise schreibt deshalb *G.-K. Kaltenbrunner* mit *G. van der Leeuw*:

»Die Mystik der Kirche ist eine gehemmte Mystik.«

Deuten die christlichen Mystiker ihre Erfahrung nur deshalb als Begegnung, weil eine starre Kirche, eine eifersüchtige Theologenschar und ihr eigenes, verformtes Gewissen sie hindert, das letzte Einswerden mit dem Absoluten auszukosten und auszusprechen?
Diese vielschichtige Frage kann nicht in wenigen Worten abgehandelt werden. Aber es ist eine Lebensfrage der christlichen Mystik. Deshalb müssen einige Hinweise gemacht werden.
Die Quellen zeigen unwiderlegbar, daß pantheistisch klingende Gedanken und Erfahrungen in der christlichen Mystik gerade nicht von den »Erfahrenen«, sondern von den »Theoretisierenden« eingebracht wurden, von *Dionysius Areopagita*, der seinen großen Einfluß dem fälschlich usurpierten Ruhm eines Apostelschülers verdankt; von den beiden Viktorinern, *Hugo* und *Richard*, von *Meister Eckhart*, von *Nikolaus von Kues*. Auch *Johannes vom Kreuz* theoretisiert stärker als seine Lehrerin *Teresa von Avila*. Man kann an beiden studieren, wie Denkleistung und spekulative Systematik die dialogische Erfahrung in die Nähe von pantheisierender Versenkungsmystik bringt.
Bei den wirklich Erfahrenen im Christentum aber fallen die Schalen des unpersönlichen Denkens über Gott ab. Schon *Johannes Tauler* und *Heinrich Seuse* erhellen die pantheisierenden Verdachtsstellen ihres *Meisters Eckhart* christlich-personal. Sie waren zweifelsohne Erfahrene. Von *Eckhart* hingegen ist kein authentisches Zeugnis bekannt, daß er aus der Erfahrung spricht.

Er war ein ganzheitlich lebender und sprechender Christ, und nur deshalb auch ein Mystiker.

Martin Buber, der in jüngeren Jahren mit einer spekulativen All-Einheits-Erfahrung liebäugelte, gibt uns einen Schlüssel zum Verständnis der Problemlage: Zwei in der Tiefe grundverschiedene Erfahrungen – das Einswerden im Selbst und das Sich-Beziehen auf ein Du – werden an der Oberfläche als ähnliches und sogar gleiches Erleben wahrgenommen:

»Ich weiß nicht von einem allein, sondern von zweierlei Geschehnis, darin man keiner Zweiheit mehr gewahr wird. Die Mystik vermengt sie zuweilen in ihrer Rede ... Das eine ist das Einswerden der Seele ..., was sich im Menschen ereignet. Das andere Geschehnis ist jene unausforschliche Art des Beziehungsaktes selbst, darin man Zwei zu Eins werden wähnt. Ich und du versinken, die Menschheit, die eben noch der Gottheit gegenüberstand, geht in ihr auf, Verherrlichung, Vergottung, Alleinheit ist erschienen ... (Es gibt eine Einheitserfahrung,) die keine Einung war. Was der Ekstatiker Einung nennt, das ist die verzückende Dynamik der Beziehung ..., die sich vor deren einander unverrückbar gegenüberstehende Träger stellen und sie dem Gefühl der Verzückten verdecken kann ... Ihre vitale Einheit wird so vehement empfunden, daß ihre Glieder vor ihr zu verblassen scheinen, daß über ihrem Leben das ich und das du, zwischen denen sie gestiftet ist, vergessen werden.«

Zwei grundverschiedene Erfahrungen zeigen an der Oberfläche eine fast identische Gestalt: Einmal die der Selbstwerdung – das Ich reift in der Unendlichkeit der eigenen Tiefe zum Selbst. Dann die der Du-Begegnung – der Liebende vergißt sich und alles andere so völlig, daß das Du für ihn zur Unendlichkeit des Alls wächst. Aber gerade so gewinnt das Ich Selbst-Ständigkeit. Letzteres ist die Erfahrung der christlichen Mystik. Es ist, wie *Martin Buber* schreibt, eine »höchste Aufgipfelung der Es-Sprache«, wenn man die Ich-Du-Beziehung in ein Einheitsdenken und -erfahren auflöst; wenn man den personalen Gott und die dialogi-

sche Gottesbegegnung als Gottheit und Versinken ins Meer des Allgemeinen deutet. Nur wer Begegnung erfahren hat, wird verstehen können, daß es eine Einheit der Beziehung gibt, worin beide Partner, ich und du, sich nicht auflösen, sondern zur vollen Selbständigkeit wachsen, und daß diese Einheit »mehr eins« ist als jede Verschmelzung.
Christliche Mystik spricht und lebt aus der Einheit der Beziehung zu Gott. *Martin Buber* nennt dies Geist. Er rührt damit an die Mitte der christlichen Offenbarung. Wo der Gipfel der Wirklichkeit nicht im alles aufsaugenden Seins-Meer, sondern in der Liebesbegegnung von Ich und Du gesehen wird, kommt auch ein Dritter in den Blick, die einende Kraft der Beziehung selbst, der Geist. In Gott selbst lebt ein ewiges Spiel der Beziehung zwischen Vater und Sohn; und deshalb lebt in ihm auch der Dritte, der Heilige Geist. Es ist kein Zufall, daß die Zeugnisse christlicher Mystik offen oder verhüllt stets auch auf den Geist zu sprechen kommen.
Es ist auch kein Zufall, daß die Erfahrung mancher christlicher Mystiker (*Kard. Berulle*, *Vinzenz Pallotti*) einen ähnlichen Weg führte wie ihn *Martin Buber* schildert: Aus einer Einheitserfahrung, die pantheisierend aussah und wohl die Selbstwerdung (in Gott) symbolisierte, erhob sich die tiefere, einendere, dialogische Erfahrung Gottes: Gott als ein begegnender Jemand, als ein Du. Auch *Teresa von Avila* schildert, wie sie einst belehrt wurde:

»... es könne alles Körperliche die vollkommene Beschauung nur hemmen und hindern ... man solle sich darum auf allen Seiten von Gott umgeben und ganz in ihn versenkt betrachten.«

Doch dann wurde ihr das alles übersteigende Gipfel-Erleben geschenkt: Jesus, in dem ihr Gott gegenüberstand, sie ansprach, ihr begegnete. Die Begegnung mit Jesus, die sie vorher als mindere und hindernde Stufe einschätzte, erfuhr sie jetzt als Gipfel:

»O Herr meiner Seele und mein höchstes Gut, du gekreuzigter Jesus! Nie denke ich ohne Schmerz an diesen von mir gehegten Wahn, der mir wie ein großer Verrat vorkommt, den ich, obgleich unwissend, an dir begangen habe.«

Auch außerhalb der biblischen Offenbarung wurde auf den Gipfelpunkten religiöser Erfahrung das Absolute immer wieder als ein »Jemand«, ein »ansprechbares Du« erfahren. *R. C. Zaehner* hat dies gerade auch für die indische Mystik (Bhagavad-gita) gezeigt. *L. Massignon* und *L. Gardet* gehen dem im Islam nach.
Doch der christlichen Mystik ist dies als Glaubensvorgabe geschenkt. Und so werden ihr auch Glaube und Erfahrung, Dunkelheit und Licht zur Einheit. Glaube ohne Erfahrung könnte keine Wurzeln im Menschen schlagen; er bliebe ein totes »Für-wahr-Halten«. Aber Erfahrung ohne Glaube würde sich abschließen; könnte sich nicht mehr öffnen zu etwas, was mehr ist als Erfahrung, was außerhalb der Erfahrung liegt. Ein gegenüberstehender anderer würde von einer solchen glaubens- und vertrauenslosen Erfahrung aufgesogen. Er ginge unter im endlosen Meer der Selbsterfahrung des »Mystikers«.
Johannes vom Kreuz ist der christliche Lehrer, der auf dem Höhepunkt der mystischen Erfahrung den Glauben, und damit auch das »Nicht-Erfahren« einbringt: Mystik nicht als Überschreiten, sondern als Vertiefen des Glaubens. In dieser Dialektik von Glaube und Erfahrung schlägt sich nieder, daß der christliche Mystiker den lebendigen Gott und keine leblose Gottheit erfährt.

C. Uniformität oder Pluralität des Erlebens

Allzu viele Darstellungen von Mystik pflegen ein Einheitsdenken, dem alles andere sich unterordnen muß. Mit Recht tadelt dies *J. M. Kitagawa*:

»Ohne es zu merken, sind manche Gelehrte der Religionswissenschaft dem Zeugnis der theologischen Wissenschaften von den

Religionen erlegen und haben theologische Urteile über die Überlegenheit des Christentums oder über die Gleichheit aller Religionen abgegeben.«

Was einer Weltanschauung gebührt: alles aus der eigenen Sicht zu sehen, ist der Tod der Religionswissenschaft. Sie muß die Verschiedenheit beachten. Gerade in der Beschreibung von Mystik aber ist man geneigt, Verschiedenheiten einzuebnen. So läßt *W. Massa* die Mystik nach dem Zeugnis der »Erleuchteten aller Religionen und Zeiten« in ihrer Tiefe identisch sein:

»Mögen die Ausdrucksweisen verschieden sein, die Bilder kulturell geprägt, wie die ›Seelenburg‹ der Teresa, der ›Seelenfunke‹ Eckharts, der ›Grund‹ Taulers, die ›Buddhanatur‹ der Buddhisten ... so weisen sie dennoch alle in die gleiche Richtung des Phänomens.«

Ein solches Einebnen der Erfahrungen und Aufrichten der Mystik als kosmische Super-Religion versperrt auch den Blick auf den Reichtum innerhalb der christlichen Gotteserfahrung. Gleich ist die Mystik in der Richtung, wo sie den einen und einzigen Gott erfährt. Aber die Menschen, die da Gott erfahren, sind verschieden. Die Nähe zu Gott löscht ihre Individualität nicht aus, sondern potenziert sie. Im vorpersonalen Bereich könnte man Erfahrungen noch auf einen Nenner bringen. Je persönlicher aber die Erfahrung ist, desto stärker ist sie geprägt von der Persönlichkeit des Erfahrenden. Sollte nun die allerpersönlichste Erfahrung, die mystische, zurückfallen in den vorpersonalen Raum des Überall-Gleichen?
Schon die Texte dieses Buches zeigen das Gegenteil: je näher an der Erfahrung, desto bunter sind die Zeugnisse. Da ist die bauern-kräftige Gotteserfahrung der Wüsteneinsiedler; die rhetorische und theologische Mystik der ersten Kirchenväter; das sich auftürmende Denkgebäude des *Ps. Dionysius*; die zum Absolutismus des Erlebens neigende Erfahrung der Messalianer; die Spekulation des *Evagrius Pontikus*. Aus der Mönchstheologie

des frühen Mittelalters erhebt sich die Schau der *Hildegard von Bingen* und die erotisch-spekulative Poesie der beiden großen Frauen, *Hadewijch* und *Mechthild*; da lebt die Gottesglut des *Franz von Assisi*, die aus ihrer Absichtslosigkeit so wirksam wurde; da lebt die satte und zugleich subtile Mystik *Jan van Ruusbroecs*, die bodenständige Devotio Moderna, die zugleich feurige und kluge Gottesbetroffenheit des *Ignatius von Loyola*, die zur Norm gewordene Erfahrung von *Teresa* und *Johannes*. Man sollte die Herz-Jesu-Mystik und die Leidensmystik aufführen; man sollte der Seelsorge-Mystik des französischen Jahrhunderts nachgehen. Dann müßten wir den katholischen Raum verlassen und die Wort-Mystik *Luthers* oder auch die von Musik getragene Mystik anderer Kreise sehen, die *J.-E. Jaeger* beschrieben hat. Die Linien wären bis in unsere Zeit auszuziehen: *Kardinal Newman, Therese von Lisieux, Teilhard de Chardin, Marie Noël, Madeleine Delbrel, Adrienne von Speyr*, oder der jung gestorbene Arbeiterpriester *Ägid van Broeckhoven*.

Wahre Mystik ist so verschieden, wie es die Menschen sind, die Gott erfahren; und sie ist so eins, wie Gott es ist, der erfahren wird. An der Mystikerfreundschaft zwischen *Teresa von Avila* und *Johannes vom Kreuz* kann man dies ablesen. Beide schätzten sich hoch und vertrauten ihrer Erfahrung von Gott. Aber dennoch war diese Gotteserfahrung überaus verschieden. Bei Johannes war es ein Beraubtwerden von allem, was nicht der reine, der »nackte« Gott ist. Theresa aber fand den Höhepunkt ihrer Mystik in der Freundschaft, in der Begegnung mit dem Menschgewordenen. Es ist erheiternd zu lesen (auch die Heiterkeit gehört in die Mystik, wie es die lächelnden Seligen des Bamberger Doms zeigen), wie Teresa mit dieser Verschiedenheit ihrer mystischen Erfahrungen spielt: die Radikalität des Totalen und Klugheit der Freundschaft. Bischof *Alvaro de Mendoza* hatte einige Geistesmänner um ein Urteil über einen Satz der Teresa gebeten: ›Búscate en mi‹ (Suche dich in mir). Die Urteile sind verloren. Aber die Replik, die *Teresa* auf die Stellungnahme ihres Freundes, *Johannes vom Kreuz*, schrieb, ist uns bekannt und zeigt – durch alle Ironie hindurch – ihre Nüchternheit:

»Diese vortreffliche Doktrin gibt denen eine Antwort, die in der Gesellschaft Jesu (Jesuiten) Exerzitien machen wollen, aber nicht der Frage, um die es geht. Wie schlecht wäre es doch um uns bestellt, wenn wir Gott nur suchen könnten, nachdem wir der Welt gestorben sind. Als Magdalena oder die samaritische Frau oder die Kananäerin ihn fanden, waren sie nicht der Welt abgestorben.
Der Autor behandelt weitläufig das Einswerden mit Gott in der Einung. Aber wenn dies in der beschriebenen Weise ablaufen, und wenn Gott so der Seele die Gnaden schenken würde, worum sollte Gott eine solche Seele noch ansprechen, daß sie ihn suche? Sie hat ihn doch schon gefunden!
Gott bewahre mich vor Leuten, die so spirituell sind, daß sie – koste es, was es wolle – alles in vollkommenster Versenkung tun möchten.
Doch wir sind natürlich dankbar, daß man uns so trefflich etwas erklärt, worum wir nicht gefragt haben. Es ist immer gut, von Gott zu sprechen. Auch, wo wir es nicht vermuten, kann uns Gutes geschenkt werden.«

Teresa sieht die Unterschiede in ihrer und ihres Freundes Mystik sehr klar. Einig ist sie mit ihm, weil es um Gott geht, – die Erfahrung Gottes aber sieht recht verschieden aus.
Ist damit nicht auch das Anliegen *Martin Luthers*, des Zeitgenossen der beiden katholischen Kirchenlehrer, getroffen? Auch er weiß, daß der Einheitspunkt des christlichen Glaubens nicht in Erfahrungen und auch nicht in Theologien, sondern im »extra«, im »außerhalb«, im gegenüberstehenden Gott und im gegenüberstehenden Christus zu suchen ist. Eins sind sich Mystik und Glaube in dem, den sie erfahren und an den sie glauben; aber das Spiegelbild Gottes im glaubenden und erfahrenden Menschen ist so verschieden, wie es auch die Menschen sind. So schreibt Luther:

»Deshalb ist unsere Theologie sicher (und deshalb sind Mystik und Gotteserfahrung wahr), weil sie uns außerhalb (extra) unserer selbst versetzt.«

Der Fokus aller mystischen Erfahrung ist Gott; dort liegt die Einheit; aber die Strahlen von Gott her brechen sich in der Individualität der Menschen.

D. Ungewöhnlich oder normal

Die Einsicht in die Vielfalt der Mystik macht auch verständlich, warum die moderne Theologie immer stärker betont, daß jeder wahre Glaube ein mystisches Element in sich trägt; die gefeierte »große« Mystik ist nur ein intensiv gewordener »normaler« Glaube. So schreibt *Karl Rahner*:

»Ich meine ..., daß die erste und ursprüngliche Erfahrung des Geistes, von der ich zu reden versuche, auch der innerste Kern dessen ist, was man Mystik nennen kann, und daß von daher, weil diese von mir gemeinte Geisteserfahrung im eigentlichen und ursprünglichen Sinn die Glaubenserfahrung ist, Mystik (im üblichen Sinn des Wortes) nicht eine höhere ›Stufe‹ über dem normalen Glauben ist, sondern eine bestimmte Weise eben dieser Glaubenserfahrung, eine Weise, die ›an sich‹, in ihr selbst, der natürlichen Psychologie und den natürlichen Möglichkeiten des Menschen der ›Versenkung‹, Konzentration, dem Leerwerden des Geistes usw. angehört.«

Eine alte Frage christlicher Glaubenserfahrung wird damit aufgegriffen: Gibt es im Christentum eine Elite von »Erfahrenen«, die einen besonderen, über die Masse erhabenen Zugang zu Gott haben, oder sind in ihrer Gotteserfahrung alle Christen zuerst einmal gleich? Und kommen die Unterschiede in der Gotteserfahrung (Mystik-Glaube-Dunkelheit-Helle) nicht vielmehr davon, daß die Menschen in ihrer natürlichen Veranlagung und Entwicklung und Entscheidung verschieden sind? Schon Paulus sah sich in Korinth einer ähnlichen Problematik von elitärer oder gemeinsamer Geisteserfahrung konfrontiert; und auch er legte den Akzent auf die christliche Gemeinsamkeit der Liebe. Diese Frage nach dem Unterschied oder Nicht-Unterschied von »Pistis« (nur Glaube) und »Gnosis« (tieferer Gotteserkenntnis) zieht bis heute durch die christliche Geschichte. Der bis zur Buchdicke aufgeschwollene Artikel »Contemplation« im »Dictionnaire de Spiritualité« gibt davon Zeugnis. Die Frage lautet für uns: *Ist die Mystik nur eine Intensivierung des normalen christlichen Glaubenslebens, oder gibt es einen Wesensunterschied zwischen Glaubenserfahrung und mystischer Erleuchtung?*

Die vielfältigen Daten der Religionswissenschaft und die Reflexion über die Psychologie des Glaubens bestärken die überwiegende Meinung der heutigen Theologie: Mystische Erfahrung fällt in ihrem Kern mit Glaubenserfahrung zusammen. Eine zweifache Folgerung soll daraus festgehalten werden.

1. Beim Vergleich von »christlicher« und »außerchristlicher« Mystik dürfen nicht die Besonderheiten das Gesprächsthema bilden, sondern zuerst das, was die christliche Mystik mit dem christlichen Glauben gemeinsam hat. Man sollte also nicht – wie es weithin üblich ist – im Kuriositätenkabinett der Mystik umhergehen und bei Visionen und Elevationen, bei All- und Nichts-Erfahrungen, bei plötzlichen Umschlagserlebnissen stehenbleiben; man muß den Blick zuerst auf das »Normale« der christlichen Mystik lenken – und das ist die Begegnung mit Gott! Die »Besonderheiten« gehören nach *Karl Rahner* – er mag hier etwas überziehen – in den Bereich von Psychologie, aber nicht von Theologie und Gottes-Mystik:

»Wenn die mystische Erfahrung *nicht* aufgefaßt werden darf als ein Geschehen, das die übernatürliche Geisterfahrung im Glauben grundsätzlich als ein Höheres überbietet und überholt, dann muß die ›spezifische Differenz‹ dieser Erfahrung im Unterschied zur ›normalen‹ Geisterfahrung des Christen im ›naturalen‹ Bereich des Menschen gegeben sein ...«

Unser Text von Franz von Sales kann zeigen, von wo aus der Vergleich und die Beurteilung der Mystik ausgehen muß: Nicht von der »Ekstase der Erfahrung« aus, also vom Erleben; auf die-

ser Ebene ist das Natürlich-Psychologische zu leicht mit dem Göttlich-Theologischen zu verwechseln. Erst die »Ekstase der Liebe und des Wirkens« gibt den Maßstab zur Hand, von dem aus Mystik zu beurteilen ist.
2. Daraus folgt weiterhin: Christliche Mystik geht jeden Christen an. Denn sie meint den Erfahrungskern, der jedem christlichen Glauben innewohnt. Man kann an der Geschichte ablesen, wie sehr früher die »mystische Erfahrung« Glaubensimpulse für jedermann setzte. Aber je stärker sich der Blick der sogenannten Fachleute auf das »Außergewöhnliche« richtete, desto breiter wurde der Graben zwischen mystischer Erfahrung und normalem Glaubensleben. Es ist an der Zeit, die Brücke zu schlagen zwischen christlicher Mystik und christlichem Glauben.

E. Doktrin oder Existential

Weil christliche Mystik und christlicher Glaube in der Tiefe eins sind, deshalb läßt sich die mystische Erfahrung (innerhalb und außerhalb des Christentums!) nicht von der religiösen Grundhaltung dessen lösen, der erfährt.
Natürlich ist die vor-weltanschauliche Erforschung der Mystik wichtig. Die Phänomene werden geordnet und geklärt; Unterschiede und Gemeinsamkeiten werden herausgestellt. Suchenden Menschen kann Hilfe gegeben werden. Aber die Mitte der Mystik ist auf diese Weise nicht zu erreichen.
Deshalb stellt *Johannes vom Kreuz* den Glauben an die Spitze der Erfahrung – im Gegensatz zu manchen Mystik-Deutern, die lehren, daß der Glaube durch Erfahrung hinfällig gemacht und überholt werde. Im »Aufstieg zum Berg Karmel« gibt der Heilige Anweisungen, die auch vor-weltanschaulich zu überprüfen und zu vergleichen sind. In der »Lebendigen Liebesflamme« aber schreibt er, daß der Gipfel der Erfahrung mit dem christlichen Glauben identisch sei:

»Und so ist Gott unbegreiflich und unerreichbar für den Verstand, und zwar in dem Maße, als dieser ihn begreifen will. Er wird so nicht zu ihm gelangen, sondern eher sich von ihm entfernen. Vielmehr muß sich der Verstand von sich selbst und seiner Erkenntnistätigkeit losmachen, um durch den Wandel im Glauben zu Gott zu gelangen; er muß glauben und nicht verstehen wollen. Auf diese Weise erhebt sich der Verstand zur Vollkommenheit; denn durch den Glauben und nicht durch andere Mittel vereinigt man sich mit Gott. Und die Seele nähert sich Gott mehr durch Nichtverstehen als durch Verstehenwollen ...
In diesem Stande der Vollkommenheit ist ... das Vorwärtsgehen des Verstandes ein Mehr-sich-Befestigen im Glauben, und so ist das Vorwärtsgehen ein Verfinstertwerden, da der Glaube Finsternis für den Verstand ist.«

Man muß dazu wissen, daß Johannes vom Kreuz die Wirklichkeit der »Erfahrung« unter den Oberbegriff von Verstand und Verstehen einordnet. Er sagt also: In der Spitze der Mystik werden Verstehen und Erfahren überschritten in den Glauben hinein.
Dieser Glaube ist allerdings weder ein rationales Fürwahrhalten noch ein irrationales »Stehen in der Luft« (*Karl Barth*); er ist die Artikulation jener dialogischen Qualität, die *Martin Buber* reflektiert.
Eberhard Jüngel hat in seinem Buch »Gott als Geheimnis der Welt« (Tübingen, 1977) ähnliches bedacht: Der Bezug des Menschen zu Gott (in Glaube oder Mystik) kann niemals in existentielle Besinnung oder transzendentale Erfahrung aufgelöst werden; er ist nur möglich im Gegenüber zu Gott, im Anspruch von Gott her. Nicht der Mensch in seiner noch so tiefen Befindlichkeit, sondern der »Dialog mit Gott« ist die Ausgangsbasis der Stellung des Menschen vor Gott. Den Anfang und die Mitte von allem Reden und jeder Erfahrung von Gott bildet Gottes freie Initiative zum Menschen hin.

»Die Vernunft ist nur vernünftig, wenn sie begreift, daß ein Gott überhaupt nur als Gott gedacht wird, wenn er als sich offenbarender Gott gedacht ist.« (Jüngel)

Der freie Zuspruch Gottes kann weder in Denken noch in Erfahren aufgelöst werden; er muß im Glauben frei angenommen werden. Jede echte Gotteserfahrung – christlich oder nichtchristlich – trägt in ihrer Mitte das Stigma des Glaubens. Wer also über Mystik nachsinnen will, muß letztlich ein Glaubensbekenntnis ablegen. So schreibt *E. Benz* – und jeder Zen-Buddhist wird ihm zustimmen:

»Wer Zen wirklich verstehen und üben will, muß Buddhist werden oder sein.«

Entsprechendes gilt von der christlichen Mystik:
Wer christliche Mystik wirklich verstehen will, muß christlich glauben.
Alle Oberflächenähnlichkeit kann über die Tiefe nicht hinwegtäuschen. Eine sogenannte christliche »Zen-Erfahrung« ist in ihrer Mitte anders als eine »buddhistische Zen-Erfahrung«. Im Herzen unterscheidet sich die christliche von der nicht-christlichen Mystik so, wie sich die Glaubensüberzeugungen unterscheiden; – eine vermeintlich »nicht-christliche« Mystik, wenn sie nur echt ist, hat dasjenige berührt, was die christliche Mystik als ihr Herzgeheimnis feiert: den lebendigen Gott, der sich in Christus offenbarte. Wir Christen sollten den Mut haben, dies zu bekennen; es ist ja im Grunde der gleiche Mut, den Buddhisten wie *Shizuteru Ueda* oder *Yasutani Roshi* oder *François-A. Viallet* haben, wenn sie Christentum und christliche Erfahrung als eine Art von »anonymem Buddhismus« beschreiben; er müsse nur die Eierschalen des personalen Gottesglaubens abwerfen, um die letzte Tiefe der Religiosität zu erreichen.
Die letzten Aussagen über den Sinn des menschlichen Lebens sind nur aus der eigenen weltanschaulichen Überzeugung zu machen. Gerade für die mystische Erfahrung hat dies ein Leninist mit bemerkenswerter Sachlichkeit und Ehrlichkeit gezeigt. *Joachim Seyppel* war Professor für Germanistik, als er sich aus weltanschaulicher Überzeugung nach Ost-Berlin begab, wo er als freier Schriftsteller lebt. Sein früher, reich belegter Aufsatz über »Mystik als Grenzphänomen und Existential« analysiert in

souveräner Materialbeherrschung Zeugnisse und Untersuchungen mystischer Erfahrung:

»Wir hatten uns vorgenommen, Mystik formal als Schrifttum zu untersuchen; nun sehen wir, daß wir immer wieder auf ihren Inhalt verwiesen werden, auf den Glaubensinhalt der dahinterstehenden Person des Mystikers selbst und auf den Glaubensinhalt des Literaturwissenschaftlers ... Der Untersuchende ist nicht mehr Teiler, er wird zum Teil des Untersuchten. Als Teil des Untersuchten muß er sich selbst in die Untersuchung einbeziehen ... Je nach Antwort (auf die Gretchenfrage des Glaubens) verändert sich für den Antwortenden das untersuchte und befragte Objekt ... Die immer geforderte Objektivität des Forschers fällt dann weg.
Wo Forschung auf Bekenntnis beruht, hat der Forscher eigentlich sein Recht verloren. ›Reine‹ Forschung wird unmöglich.«

Dieser marxistischen Einsicht ist von christlicher Seite nichts hinzuzufügen.
Die vorliegende Textauswahl stellt sich daher bewußt auf den Boden des christlichen Glaubens; auf den gleichen Boden, auf dem die Zeugnisse gewachsen sind. Eine vermeintlich distanzierte Objektivität würde nur kaschieren – entweder eine verschwiegene Weltanschauung, daß Mystik überall gleich sei, ob nun pantheistisch oder theistisch sich äußernd, oder eine geistige Öde.
Allerdings haben die Texte auch ihre eigene Überzeugungskraft. Wer ihre weltanschauliche Mitte nicht bejahen kann, sollte sich doch von ihrer Eindringlichkeit greifen lassen. Vielleicht kann auch ein Nichtchrist an diesen christlichen Zeugnissen ermessen, wie gewaltig und vital der christliche Glaube ist und zu welcher Größe er die besten seiner Gläubigen heranwachsen läßt.

II. Erfahrung der Sehnsucht

Aus den Ansprachen Gregors von Nyssa zum Hohenlied

Einführung und Lesehinweise

Christliche Mystik beginnt nicht erst mit dem Mittelalter, mit den großen Namen von *Meister Eckhart* oder *Mechthild von Magdeburg*; noch viel weniger sind ihre Anfänge bei *Teresa* und *Johannes* im spanischen 16. Jahrhundert zu suchen. Christliche Mystik beginnt mit der christlichen Offenbarung. Einer der ersten, bei dem sie nicht nur das Leben formte, sondern auch zum literarischen Thema wurde, ist der kappadozische (heutige Türkei) Kirchenvater *Gregor von Nyssa*, der Bruder *Basileios des Großen. Kardinal Daniélou*, *Karl Rahner* und viele andere feiern ihn als »Vater der christlichen Mystik«. Seine Erfahrung und der schriftliche Niederschlag seiner Erfahrung prägten die folgenden Jahrhunderte. Man kann z. B. den spätmittelalterlichen Traktat von der »Wolke des Nichtwissens« und auch manche Kapitel bei *Johannes vom Kreuz* nicht verstehen, ohne mit seiner mystischen Theologie vertraut zu sein.

Gregors Mystik ist keine der Abkehr, sondern eine der Hinkehr; Hinkehr zum Gott der christlichen Offenbarung; Hinkehr zum Gott der heiligen Schriften des Alten und Neuen Testaments. Und so ist seine Erfahrung unauflösbar eingewoben in den *Text der Bibel.* Im Verstehen der hl. Schrift liegt der Ursprung der christlichen Mystik, wie die Wortuntersuchung *L. Bouyers* zeigt. »Mystisch« bedeutet im Christentum zuerst: In und hinter dem Wort der biblischen Botschaft dem begegnen, dem die Worte gelten; Gott und sein Heilshandeln erfahren am Zeugnis seines geschichtlichen Offenbarwerdens. Diese Grundstruktur der christlichen Mystik hielt sich bis weit über das goldene spanische Zeitalter des 16. Jhts. hindurch – obgleich sich die Waagschale immer stärker zur reinen Erfahrung hinneigte, die in sich steht und vom Wort der Bibel abgelöst ist.

Schon vor Gregor und wohl auch schon vor dem neutestamentlichen Umgang mit dem alttestamentlichen Erbe waren zwei biblische Bücher gleichsam zu Lehrbüchern der »Mystik« geworden: Das Buch Exodus und das Hohelied Salomos. Im Buche Exodus las man den Weg des Menschen zu Gott; wie Mose aus der Gefangenschaft Ägyptens (der Sünde) durch die Stationen der Wüste (des Lebens) hin zum Berg Sinai (Berg Gottes) geführt wird, so verläuft auch der Weg des Christen. Die moderne Exegese zeigt, daß dieses alte Lesen der Schrift nicht so falsch ist, wie es auf den ersten Blick erscheint: Wüste = Versuchung Jesu = der Mensch in Versuchung; Gottes-Offenbarung auf dem Sinai = Verklärung Jesu auf dem Berg = Bild der Gottesbegegnung usw.

Auch die Gesänge zwischen Braut und Bräutigam im *Hohenlied* wurden schon früh auf das Verhältnis zwischen Mensch und Gott ausgedeutet. Hierbei sollte man sich in ähnlicher Weise fragen, ob der christliche Instinkt nicht trotz aller exegetischen Vorbehalte richtig führte, als er das Gleichnis, das Modell für die Beziehung zwischen Mensch und Gott im Bild der bräutlichen Liebe fand. Der Mensch kann seine Beziehung zu Gott nur aus der eigenen Vorstellungswelt heraus erleben. Und das Frohe an der Froh-Botschaft ist, daß Gott uns so nahe ist, wie sich Braut und Bräutigam nahe sind.

In seinem Hohenliedkommentar hat »Gregor den reifen Höhepunkt seines Denkens erreicht« (*G. May*). Zwei Grundzüge seiner Mystik treten hier besonders deutlich hervor:

1. *Die unstillbare Sehnsucht nach Gott.* Gott-erfahren bedeutet nicht stillstehen, sondern weitergehen in seine stets größere Herrlichkeit hinein. Die Freude an Gott – auch die der ewigen Seligkeit – ist kein statisches Verharren, sondern ein Hineineilen in die Unendlichkeit Gottes. Gregor schreibt in seinem »Exodus«-Kommentar, im Leben des Mose:

»Das Gesuchte übersteigt jede Erkenntnis, und Unbegreiflichkeit umgibt es von allen Seiten wie eine dunkle Wolke. So sagt auch der erhabene Johannes, der in diese strahlende Wolke eingetreten ist: Niemand hat Gott je gesehen; und er will mit diesem Wort feststellen, daß die Erkenntnis des göttlichen Namens unzugänglich ist, nicht bloß für den Menschen, sondern auch für jede geistige Natur.

Mystik ist für Gregor zugleich Erfahren und Nicht-Erfahren – aber deshalb ein stetes Neu-, Tiefer- und Reicher-Erfahren.
2. *Gottes Spiegelbild im Menschen.* Die unendliche Weite Gottes müßte den Menschen in seiner Begrenztheit zur Bedeutungslosigkeit verdammen, wenn nicht der Mensch selbst in seinem Inneren ein Spiegelbild Gottes wäre. Die Würde des endlichen Menschen besteht darin, daß er geschaffen ist nach dem Gleichnis des unendlichen Gottes. Gregor schreibt: »Wer sich selber schaut, sieht in sich das Ersehnte.«
Aber dies Spiegelbild Gottes im Inneren des Menschen ist kein »Gemälde«, das einfach da und anzuschauen ist. Auch wer die philosophischen Hintergründe nicht kennt, ahnt, daß für Gregor die ins Grenzenlose zielende Dynamik des menschlichen Sehnens nach Gott Gottes Spiegelbild im Menschen ausmacht.

»Wer sich selber schaut, sieht in sich das Ersehnte.«

Gottes Weite bildet sich im Endlichen ab als ein ständiges, endloses Wachsen und Werden. Was der Mensch dieser Zeit als Unruhe erlebt, wird für ihn später das Glück sein, ewig zum Gipfel Gottes hinanzugehen.
Gregor malt diese Grunderfahrung mit einer Fülle von Bildern und Allegorien aus; seine barocke Sprache umkreist theologische Einsichten und philosophische Versuche; seine Sätze wirken oft überladen und schwerfällig, so sehr müht er sich ab, das Unfaßbare faßbar und das Unsagbare sagbar zu machen. Den Mut aber zu diesem Versuch, Unendlichkeit mit endlichen Worten auszusprechen, hat Gregor aus der Erfahrung des *menschgewordenen Wortes Gottes* gewonnen:

»Er (das ewige Wort), der jenseits allen Verstehens und Begreifens ist; Er, den man nicht nennen, nicht aussprechen, nicht auslegen kann, ohne sich wiederum (gegen Jahwes Verbot) ein Bild von Gott zu machen; Er selbst ist aus Liebe zu den Menschen ein Bild des unsichtbaren Gottes geworden.«

Unser Text beginnt beim ersten Zug der Mystik Gregors, der Sehnsucht. Die Übersetzung *Hans Urs von Balthasars* ist von eindrucksvoller Präzision; Überschwenglichkeit und Eindruckskraft, Bilderfülle und Ergriffensein, was Gregor zum einflußreichen Autor machte, bleibt bewahrt.

Der moderne Leser und Meditierende sollte sich zuerst um ein schlichtes Verständnis des Textes bemühen. Die Durchdringung von Schau und Gedankenabfolge, von biblischem Bild und überbildhafter, allgemeiner Aussage wird ihm zunächst Schwierigkeiten bereiten. Aber es kommt alles auf den Mitvollzug an, daß z. B. der Weg des Mose nicht nur eine historisch einmalige Strecke bedeutet, sondern ein überhistorisches Gleichnis für das Wachsen des Menschen. Auch hier ist Gregor nicht so weit von den Einsichten der heutigen Wissenschaft entfernt, wie man glauben mag.

Beim zweiten Durchgang sollte man sich der poetischen Kraft dieser Synthese von Schau und Verstehen hingeben. Sehr schnell wird man dann erahnen, daß der Text Erfahrungen wiedergibt, Erfahrungen des Vaters der christlichen Mystik, Erfahrungen einer maßgeblichen Gottesbegegnung. Und vielleicht wagt der Meditierende dann auch den vierten, den eigentlichen Schritt, sein eigenes Leben hineinzuhalten in diese Gottesbegegnung und mit *Gregor von Nyssa* zu erspüren, daß dieser Weg des Mose der eigene Weg ist.

Die Texte

A. Das nie-erlahmende Gehen auf Ihn hin ist die Schau seines Antlitzes

Die Mose-Geschichte von Exodus 33,18–23 ist das Prisma, in dem sich die Erfahrung Gregors bricht. Mit ihr – »Gott nur von hinten sehen« – interpretiert Gregor auch das Hohelied. Nur die »posteriora Dei«, die Hinterseite Gottes, erblicken – so hat es auch später Martin Luther zu benennen versucht. Aber Gregor geht in seiner Erfahrung weiter: Der »Ausgang« aus dem »Jetzt« ist zugleich der »Eingang« in die größere Schau; der »Vorbeigang Gottes« aus dem Buch Exodus wird zum »Nachfolgen« hinein in Gottes größere Herrlichkeit des Hohenliedes.
Ist diese alle Grenzen sprengende Dynamik – auch die Grenzen von Tod und von eigenem Erkennen – nicht der Grundzug jeder wahren Gotteserfahrung? Ist nicht auch jede personale Begegnung von einer ähnlichen Dynamik bestimmt? In dieser Analogie liegt die menschliche Berechtigung, das Hohelied der Liebe zwischen Braut und Bräutigam zum Gleichnis der Gottesbegegnung zu erwählen.

»Mein Freund ging vorbei, da ging meine Seele hinaus zu Seinem Worte (Hld 5,6). Sie lehrt uns damit, daß es für den Geist nur eine Weise gibt, die ihn übersteigende Macht zu erkennen: nie beim Begriffenen stehenzubleiben, sondern ruhelos immerdar nach dem Mehr-als-Begriffenen zu suchen ... Als sie, wie einst Moses, hoffte, daß ihr das königliche Antlitz kenntlich sich enthülle, da ging der Ersehnte vorbei an ihrem Erfassen. Denn so spricht sie: *Mein Freund ging vorbei*, nicht als ob Er die ihm folgende Seele verlassen hätte, sondern indem Er sie zu Sich zieht: *Meine Seele ging hinaus zu Seinem Worte.* O seliger Ausgang, den ausgeht die Seele, die dem WORTE folgt! *Der Herr behüte deinen Eingang und deinen Ausgang* (Ps 120,8), sagt der Prophet. Das ist er wahr-

lich, der von Gott den Würdigen aufgesparte *Ausgang* und *Eingang*! Denn der *Ausgang* aus dem, worin wir sind, wird zum *Eingang* in die über uns liegenden Güter. Solchen *Ausgang* also ging die Seele hinaus, geleitet auf diesem Gang von dem WORT, das sprach: *Ich bin die Tür*, und *der Weg*; *wenn jemand durch Mich eintritt, der wird eingehen und ausgehen* (Joh 10,9), niemals das *Eingehen* endend oder vom *Ausgehen* ruhend, sondern durch fortschreitendes *Eingehen* ins Je-Höhere ausruhend, immerdar außerhalb des Schon-Erfaßten gesetzt.
Also ging einst auch an Moses jenes erdürstete Antlitz vorbei, und so stand die Seele des Gesetzgebers immer im Außen dessen, worin sie war, folgend dem vorangehenden WORT. Denn wer wüßte nicht jene Aufstiege, die Moses vollzog, der immer Größere, niemals das Wachsen zu Höherem Hemmende? Er wuchs im Beginn, als er die Schmach Christi dem Herrschertum Ägyptens vorzog, ... wuchs wiederum, als er durch lange Zeit ein unumlärmtes Leben in der Weisheit der Wüste führte ... Dann wird er vom Feuer in den Dornen erleuchtet und entblößt dazu seine Sohlen von der toten Umhüllung ... Er befreit sein Volk aus dem Joch Paraos, wird von der Wolke geleitet, spaltet das Meer, ertränkt den Tyrannen, süßt bitteres Wasser, läßt den Felsen fruchtbar werden, wird mit Engelspeise gesättigt, hört die Posaunen, besteigt den brennenden Berg, berührt den höchsten Gipfel, tritt ein in die Wolke, gelangt ins inwendige Dunkel, worin Gott ist, nimmt das Gesetz in Empfang, wird eine Sonne, unzugänglich den sich Nähernden, wenn sein Antlitz blitzstrahlt. Aber unersättlich hält ihn der Durst nach mehr, und er fleht darum, das Antlitz Gottes zu sehen. Und dies trotz der Bezeugung der Schrift, er sei bereits des Umgangs von Angesicht gewürdigt worden ... Und der die erbetene Gnade zu erfüllen versprochen, der gesagt: *Ich habe dich erkannt über alle andern hinaus* (Ex 33,17), geht nun an ihm vorbei am göttlichen Ort im *Felsen* (Ex 33,21), vorbei an dem von der göttlichen Hand Überdeckten, so daß er kaum nach dem Vorübergang Ihn von hinten zu sehen vermochte. Damit lehrt das Wort, wie ich glaube, daß der nach der Schau Gottes sich Sehnende das Ersehnte nur in der steten Nachfolge

erblickt: Das nie-erlahmende Gehen auf Ihn hin ist die Schau Seines Antlitzes, die nur gerade dann nach vorne gelingt, wenn wir hinter dem WORTE in Seinen Fußstapfen gehen.
So ergeht es also auch hier der Seele: erst da sie vom Tode erstand ... geht Er zwar *vorbei*, sie aber *hinaus*, nicht mehr im Gewesenen verharrend, sondern das WORT berührend, das sie weiter zum vor ihr Liegenden führt.«

B. Auch die Wunde erscheint uns als gut

Der Vorübergang Gottes und damit die wachsende Sehnsucht des Mystikers gewinnt eine noch tiefere Dimension. Die sich übersteigernde Negation – alles Erreichte muß wieder abgelegt werden – wird zum Positivum: Die »Seele« findet sich selbst in ihrer Tiefe als die Mitte der mystischen Erfahrung, als »die Stadt, in der Gott wohnt.« Aber dies ist kein statisches Innewohnen. Gott entschwindet stets von neuem, enttäuscht die Seele schon wieder – nur so wird er erkannt; denn er bleibt der ganz Andere.
Gregor erfährt damit Gott als den »Verwunder«; aber die Wunde, die dieser Gott mit seinem ständigen Entweichen schlägt, ist eine Liebeswunde. Die spätere »Herz-Jesu-Mystik« entspringt dieser Erfahrung; eine Mystik, die – wie der letzte Satz zeigt – sich nochmals vertieft in ein Verströmen, ein Weitergeben, ein Fruchtbringen für andere.

»Die folgenden Worte bestärken uns in der erwogenen Meinung, daß nicht im Begreifen die Größe der göttlichen Natur einsichtig wird, sondern im Entgleiten aus jedem zugreifenden Vorstellungsbild und jedem Vermögen. Denn die Seele, die schon aus ihrer Natur heraustrat, um durch kein Gewohntes in der Einsicht des Unsichtigen gehindert zu sein, steht nicht ab, das Ungefundene zu suchen, ruht nicht, das Unaussprechliche zu rufen. Sie sagt: Ich suchte Ihn, und ich fand Ihn nicht! (Hld 5,6) Denn wie könnte auch gefunden werden, was kein Erkennbares offenlegen kann, keine Gestalt, keine Farbe, kein Umriß, keine Vielheit, keine Form, keine Vermutung, kein Gleichnis, keine Analogie, was immer je-äußerlicher jedem begreifenden Zugang erfunden, ganz und gar dem Zugriff des Fassenden entgleitet? Darum sagt sie: *Ich suchte Ihn*, mit den Fassens-Kräften der Seele, mit Schlüssen und Überlegungen, und immer blieb Er der völlig Äußere, dem einkreisenden Denken in Flucht hindurch-entwischend. Der aber immer weiter außerhalb jedes erkennbaren Merkmals erfunden wird, wie sollte Er durch irgendeine Namen-Zuweisung festgehalten werden? Darum legt sie sich zwar starke Namen jeglicher Art zurecht, um damit auf das unaussagbare Gute zu deuten; jede Aussagekraft des Worts aber bleibt versagend zurück und wird überführt als der Wahrheit unterlegen ... So ruft die Seele nach dem WORT, wie sie kann; sie kann aber nicht, wie sie möchte. Denn sie will mehr, als sie kann, und kann nicht einmal soviel wollen, als Jenes ist, sondern nur soviel, als der ganze Aufschwung der Seele es erlaubt.

Weil also der Gerufene dem Drang des Rufenden unerreichbar ist, sagt sie: *Ich rief Ihn, und Er hörte mich nicht. Es hielten mich an die Wächter, die in der Stadt die Runde machen; sie schlugen mich, sie verwundeten mich, sie nahmen mir mein Sommergewand, die Wächter der Mauern.* (Hld 5,6–7) Das könnte wohl eher das Lied einer Klagenden scheinen, ... dem aber, der sorgsam auf den Sinn des Gesagten achtet, sind es Reden einer, die schönster Dinge sich rühmt ... Denn sie, die das alte Gewand schon abgelegt und von allem Umwurf sich befreite, ist so viel reiner als sie selbst geworden, daß sie, an dieser neuen Reinheit gemessen, das Gewand noch nicht abgelegt zu haben scheint, sondern nach jener ersten Entblößung wieder etwas an sich findet, was sie ablegen sollte. Verglichen mit der errungenen Reinheit war jenes frühere Sichbegeben des Kleides noch wie ein Schleier, der ihr nun von den Begegnenden weggenommen wird ...

Daß sie aber die *Wächter* anhalten, *die in der Stadt die Runde machen*: selig durchaus ist ein solches Gefundenwerden. Denn wer vom *Wächter* gefunden wird, kann nicht mehr von Räubern geraubt werden. Wer also sind die *Wächter*? Wer anders *als die Die-*

ner, die Israel bewachen? ... Die Seele aber ist selber die Stadt, in der Gott wohnt ... Schön also ist es, von Engeln angehalten zu werden, die in der *Stadt* der Seele *die Runde machen* ... Wenn sie aber sagt, sie sei *verwundet* worden, so zeigt sie an, daß die Versehrung der göttlichen Rute ihr bis ins Tiefste drang; denn sie empfing nicht auf sich ein oberflächliches Streifen jener geistigen Rute, so daß man nachher die Stelle nicht mehr erkännte, die sie traf, vielmehr zeigt die Wunde, deren die Braut sich rühmt, daß sie von deutlichen Malen versehrt ist ... So sagte auch Paulus, der mit solchen Striemen Gezeichnete, jauchzend ob solcher Verletzung: *Ich trage die Zeichen Christi an meinem Leibe mit mir!* (Gal 6,17). Auch die Wunde also erscheint uns nach dem Gesagten als gut, durch die ihr das *Sommergewand* entrissen wurde ... Immer ist schöner das je-neu-Gefundene als das schon-Begriffene. Wie Paulus täglich starb, als er immerdar zu einem neuen Leben eilte, tot immer für das, was vorbei war und das früher Erledigte in Vergessen tauchend ..., so empfängt sie in sich die schlagende Rute. Sie ahmt den *Fels* nach, von dem der Prophet sagt: *Er schlug den Fels, und es quollen die Wasser hervor.* (Ps 78,20) Siehst du, zu welcher Höhe die Braut emporstieg? Darum wird sie geschlagen, wie die Felswand durch Moses, damit nach deren Gleichnis auch sie für Dürstende das WORT ströme, das aus der Quelle reichlich regnet ...«

C. Der anfliegende Pfeil der Liebe

Die subtile Konvergenz von Schmerz und Liebe, die im Bild des Pfeils erfahren wird, sperrt sich jeder neugierigen Analyse. In der Geschichte der christlichen Mystik konnte diese Erfahrung nur deshalb eine so wichtige Rolle spielen – sehr im Unterschied zu pantheisierenden Gotteserfahrungen –, weil die christliche Gott-Erfahrung vom Ursprung her dem Kreuz Jesu Christi konfrontiert ist. So greift das Johannes-Evangelium (19,37) ein Propheten-Wort (Sach 12,10) auf und gibt es weiter in die Endschau der Geheimen Offenbarung (1,7): »Sie werden hinschauen auf den, den sie durchbohrt haben.«

»Noch ein anderer Sinn könnte im Vorliegenden gefunden werden, der mit dem Erwogenen durchaus nicht in Widerspruch steht. Die Seele, Seiner Stimme entgegen hinauseilend, den Ungefundenen suchend und den allen Namens-Zeichen Unfaßlichen rufend, wird von den *Wächtern* belehrt, daß sie den Unerreichbaren liebe und den Ungreifbaren begehre. Und so wird sie gewissermaßen geschlagen und verwundet von der Hoffnungslosigkeit des Erdürsteten, indem sie wähnt, ihr Sehen sei grenzenlos und könne jenes Anderen nie froh werden. Aber es wird ihr das Trauer-Gewand entrissen, als sie erfährt, daß eben der ewige Fortschritt des Suchens und das Nie-Ruhende des Aufstiegs die wahre Stillung der Sehnsucht sei, wo jede zu Rand erfüllte Sehnsucht ein frisches Sehnen nach dem Höhern erzeugt. Nachdem sie so das Gewand der Hoffnungslosigkeit abgeworfen, und die hoffnungslos-unbeschreibliche Schönheit des Geliebten erblickt, des durch jegliche Ewigkeit von Ewigkeiten immer herrlicher Gefundenen, dehnt sie sich in heftigerem Durste, .. und empfängt den anfliegenden Pfeil der Liebe an der tödlichen Stelle. *Gott aber ist die Liebe* (1 Joh 4,16) – nach Johannes' Wort –, dem Ehre und Macht gebührt von Ewigkeit zu Ewigkeit, Amen.«

III. Erfahrung des Wortes

Eine Predigt aus dem Psalmenkommentar des Augustinus von Hippo

Einführung und Lesehinweise

Über *die Gotteserfahrung des Kirchenvaters Augustinus* (354–430) gibt es eine bezeichnende Kontroverse. Viele Fachleute und Verehrer sprechen ihm rundweg die mystische Gotteserfahrung ab. Doch immer mehr versteht man heute, daß die alternative Fragestellung: Mystik – Glaube, falsch ist. Die Unterscheidung von normalem christlichen Glaubensbewußtsein und »Mystik«, oder »Bewußtseinserweiterung«, oder »ungegenständlicher Erleuchtung« ist erst von der Neuzeit herausgebildet worden. In der christlichen Urerfahrung gehörte das mystische Element zu jeder Glaubensbegegnung, wie es auch umgekehrt keine christliche »Mystik« gab, die nicht von der Dunkelheit gekennzeichnet war, die den Glauben ausmacht. Die »besonderen« Erlebnisse und Erleuchtungen werden gegenüber der Mitte-Erfahrung als Randerscheinungen bewertet; die Mitte-Erfahrung aber umschloß stets sowohl Dunkelheit wie Helle, Abstand wie Nähe, Glaube wie Mystik.
Man stimmt heute darin überein, daß sich die augustinische Erfahrung am klarsten *in den beiden großen Predigtwerken* über das Johannesevangelium und über das Psalmenbuch niedergeschlagen hat. Aus letzterem wird hier erstmalig eine Predigt vorgestellt. Sprache und Gedankenführung sind unmittelbar verständlich. Man muß sie als geschlossene Predigt lesen. Der Fluß von Bildern und Gedanken mag uns schwerfällig vorkommen; aber er gehört zur Geistigkeit des Augustinus. Er umkreist nur ein

einziges Ziel – man bekommt es erst richtig in den Blick, wenn man sich nicht scheut, den Worten des Heiligen zu folgen. Die Einheit der Predigt heißt schlichthin: Jesus Christus. Es ist eine lebendige Einheit, die die Vielheit nicht verschluckt, sondern sorgfältig betrachtet – so wie man auf einem spätmittelalterlichen Tafelwerk alle einzelnen Figuren liebevoll betrachten soll, um die Einheit des Ganzen zu erfassen.

Es ist *nicht die Logik des Verstandes, sondern der Text der Bibel*, der der Predigt ihre Geschlossenheit verleiht. Augustinus lebte aus dem »geistlichen Sinn der Schrift«; für ihn sprach jedes Wort in der Tiefe das fleischgewordene Wort Gottes an. Psalmen zu beten war für ihn ein Durchblick durch die Fenster des Alten Testaments in die Mitte des Neuen. Wer sein Beten mitvollzieht, wird die Berechtigung dieses Durchblicks erspüren.

Unsere *Zwischenüberschriften* bilden Hilfen zum Verständnis; sie sind Hinweise, aber keine logische Gliederung.

Der Leser wird die *Einheit von Bild und Begriff* spüren. Die Ausdeutung des Hirsches ist keine Allegorese im modernen Sinn. *Augustinus* war sich der Einheit der Schöpfung Gottes bewußt. Und so findet er im Hirsch eine Ur-Erfahrung, die auf der Linie der Archetypen C. G. Jungs liegt. Die Welt war für ihn stufenförmig aufgebaut; jede Stufe spiegelt im Bild die höhere Wirklichkeit. In der Wirklichkeitsstufe des Tieres fand er ebenso menschliche Eigenschaften, wie alle Schöpfungswirklichkeit letztlich ein Bild Gottes war.

Exegese und Dogmatik sind bei *Augustinus* eine Einheit. In der Psalmenauslegung selbst spricht er über Gotteserfahrung. Der Reiz einer Meditation besteht nicht zuletzt im Erspüren, wie sich diese beiden roten Fäden zur Einheit zusammendrehen. Damit verbunden ist der dritte Faden des Mit-Erfahrens. Hier wird keine distanzierte Exegese oder abstrakte Dogmatik geboten; aufgerufen wird die Erfahrung des Herzens. Nur wem das Mitschwingen gelingt, der wird erleben, daß die »Einheit« der augustinischen Mystik näher an der Sache ist als heutige Zugänge, die zwischen Wort (Exegese), Wissen (Dogmatik) und Erfahrung (Mystik) trennen. Ein weiterer Grundzug besteht in der *Einheit von betendem*

Christen und betender Kirche. Auch dies sollte der Mensch von heute vernehmen. Kein Christ, auch nicht der Einsiedler und der in sich versunkene Kontemplative ist abgelöst von der sozialen Verflechtung; jede Erfahrung geschieht innerhalb einer »Kommunikationsgemeinschaft« (*K.-O. Apel*); das »ich« ist nur als »wir« möglich. Für *Augustinus* wäre eine Mystik ohne Kirche Anti-Mystik.
Eine Einheit besteht weiter *zwischen Prediger und Zuhörer.* Gelegentlich leuchtet die Gesprächssituation auf. *Augustinus* hat seine Predigten nicht auf sein Publikum hin vorgetragen, sondern stand mit ihm im Gespräch, nahm Anregungen auf, ging auf Fragen ein, formulierte aus der Situation heraus. Man kann dieses »Predigtgespräch« nicht voll rekonstruieren. Aber das Wissen darum gehört zum rechten Verständnis.
Der Text braucht keine Lesehilfe. Es wurde versucht, möglichst dicht beim Wortlaut zu bleiben; nur wo es das moderne Verständnis verlangte, wurde etwas verdeutlicht. *Einige Einzelbemerkungen* mögen letzte Unklarheiten beseitigen. *Teil A* spielt auf ein liturgisches Brauchtum an. Das Wort »Sakrament« in *Teil B* hat den alten umfassenden Sinn, wonach alle Geheimnisse der Kirche wie alle Worte der Schrift und betenden Vollzüge einen tieferen »sakramentalen« Sinn haben, der letztlich den Namen Jesus Christus trägt. Die Tiersymbolik aus *Teil C* stammt aus dem Volksbuch des Physiologus. In *Teil E* steht ein subtiles Beispiel zur Theologie der Tränen: Dürsten und Trinken, Suchen und Finden, Dunkel und Licht bilden eine tiefere Einheit. Die Lehre vom Aufstieg der Seele in *Teil F* ist typisch für *Augustinus*: Von außen (extra) nach innen (intra) und dann zum Überstieg über sich selbst (supra). Die musikalischen Bilder von *Teil G* sind für die christliche Mystik charakteristisch. Die Dialektik von *Teil H* unterstreicht die Rolle der Transzendenz Gottes über alle Immanenz. Am Schluß berührt Augustinus beiläufig die Erfahrungslehre vom Kreuz. Dort und anderswo sind die Gesprächspartner nicht »Animus und Anima«, sondern »meine« Weisheit, die immer schon in Gott ruht, und »ich«, der noch unterwegs ist. Die Schriftzitate werden im Kursivdruck wiedergegeben. Psalm 41 wird dabei nicht eigens angegeben.

Die Texte

Homilie über den Psalm 41

Seit langem sehnt sich meine Seele danach, mit euch im Worte Gottes froh zu werden und in ihm, der unsere Hilfe und unser Heil ist, euch Heil zu wünschen. Was Gott als Wirklichkeit schenkt, vernehmt durch uns; dort laßt uns gemeinsam jubeln in seinem Wort, in seiner Wahrheit, in seiner Liebe.

A. Der Psalm-Beter im Gebet der Christenheit

Einen Psalm nämlich wollen wir euch auslegen, wie er euerem Sehnen entspricht. Auch er setzt an bei einer heiligen Sehnsucht; so nämlich singt der Beter: *Wie der Hirsch sich sehnt nach den Wasserquellen, so sehnt sich meine Seele nach dir, Gott!* Wer sagt dies? Wenn wir es wollen, sind wir es selbst! Warum suchst du den Beter fern von dir, da es doch an dir liegt, derjenige zu sein, nach dem du suchst.

Aber dennoch: Hier betet nicht zuerst ein einzelner Mensch, sondern ein Leib. Der Leib Christi aber, *das ist die Kirche.* (Kol 1,24)

Nicht bei jedem, der die Kirche betritt, findet sich dieses Sehnen; aber alle, die des Herrn Süße gekostet und diese Erfahrung in unserem Lied wiederfinden, wissen, daß sie nicht alleine dastehen. Wie Samenkörner entdecken sie die Töne des Liedes überall im Acker des Herrn, auf der ganzen Erde; es ist die Stimme der einen Christenheit, die sie vernehmen: *Wie der Hirsch sich sehnt nach den Wasserquellen, so sehnt sich meine Seele nach dir, Gott!*

Nicht ohne Berechtigung wird der Psalmvers auf die Katechumenen ausgedeutet, die zur Gnade der Taufe hinstreben. Deshalb wird auch vor ihnen dieser Psalm feierlich gesungen; sie sollen

den Quell des Sündenachlasses ersehnen, wie auch *der Hirsch sich sehnt nach den Wasserquellen.* Aber diese Sicht ist nicht unser Thema; diese Interpretation mag ihren guten liturgischen Platz in der Kirche haben.
Doch, meine Brüder, ich glaube, daß das Sehnen der Gläubigen auch in der Taufe noch nicht erfüllt ist; und vielleicht würden sie noch inbrünstiger entbrennen, wenn sie wüßten, wohin zu eilen und hinzustreben.

B. Die Sehnsucht der Söhne des Kreuzes nach Einsicht

So lautet ja auch der Titel des Psalms: *Für das Ende, zur Einsicht den Kindern Kores. Ein Psalm.* Die Kinder Kores finden wir auch in anderen Psalmtiteln; und wir erinnern uns, schon auf das Thema gekommen zu sein und erklärt zu haben, was dieser Name bedeute. Aber wir müssen noch einmal darauf zurückkommen und dürfen nicht mit der Begründung darüber hinweggehen, daß wir den Namen schon erklärt hätten; denn als wir mehrmals darüber sprachen, waren nicht alle zur Stelle.
Im geschichtlichen, buchstäblichen Sinn war Kore natürlich ein Mann, der Söhne hatte, die deshalb Söhne *Kores* hießen (Num 26,11). Aber wir möchten das Innere des Sakramentes ergründen, und der Name soll für uns sein Geheimnis, mit dem er schwanger geht, zur Welt bringen. Daß die Christen Söhne Kores genannt werden, ist nämlich die innere Wirklichkeit eines großen Sakraments. Warum also heißen sie Söhne Kores? Weil sie Söhne des Bräutigams, Söhne Christi sind. Die Christen werden ja Söhne des Bräutigams (Mt 9,15) genannt.
Was aber bedeutet nun weiter die Gleichsetzung von Christus und Kore? Kore meint Calvaria. Wir müssen noch tiefer eindringen. Eben fragte ich, warum Kore Christus bedeutet; und nun frage ich noch dringlicher: Was Christus mit Calvaria zu tun hat! Doch findet sich nicht auf dem Calvarienberg der Gekreuzigte? (Mt 27,33) So ist es. Damit aber ist gesagt, daß die Söhne des Bräutigams Söhne jenes Leidens sind, Söhne der Erlösung durch das

Blut, Söhne jenes Kreuzes; sie tragen auf der Stirn, was die Feinde auf Calvaria errichteten; sie heißen deshalb Söhne Kores.
Für sie, zu ihrer *Einsicht*, wird der Psalm gesungen. Zur *Einsicht* also werden wir aufgefordert; wir sollen verstehen, darum wird uns gesungen. Und was sollen wir verstehen? Zu welcher Einsicht soll der Psalm führen? Ich habe die Kühnheit, darauf zu antworten: damit *nämlich sein unsichtbares Wesen vom Geschöpf der Welt durch die Schöpfung hindurch verstanden und erschaut werde* (Röm 1,20).
Nun, meine Brüder, ihr versteht mein Drängen und teilt dieses Verlangen mit mir. Gemeinsam wollen wir lieben, gemeinsam vor Durst entbrennen, gemeinsam hineilen zur Quelle der Einsicht. Wie der Hirsch wollen wir die Quelle ersehnen; natürlich nicht mehr nur jenes Quellwasser der Taufe, wohin die Katechumenen eilen; sondern wir, die Getauften, verlangen nach jener Quelle, von der eine andere Stelle der Schrift weiß: *Bei dir ist der Quell des Lebens!* Wie Quelle ist er auch Licht; denn *in deinem Lichte sehen wir das Licht* (Ps 35,10). Wenn er sowohl Quelle wie Licht ist, dann ist er zurechten auch Einsicht. Denn er sättigt den nach Wissen hungernden Geist. Jeder aber, der Einsicht hat, wird von einem Licht erleuchtet – keinem körperlichen, keinem fleischlichen, keinem äußerlichen, sondern einem inneren. Es gibt also, meine Brüder, ein inneres Licht, das denen fehlt, die keine Einsicht haben.
Und deshalb beschwört der Apostel alle, die den Lebensquell ersehnen und auch schon daraus schöpfen: *Wandelt doch nicht wie die Heiden in der Verblendung des Geistes; ihre Einsicht ist geblendet, entfremdet vom Leben Gottes durch die Uneinsichtigkeit in ihnen; sie sind doch blind in ihren Herzen* (Eph 4,17.18). Wenn also jene in ihrem Einsehen verdunkelt sind, das meint, wenn sie geblendet sind, weil sie nicht einsehen, dann sind die, die Einsicht haben, erleuchtet.
Eile also zur Quelle, verlange nach Quellwasser. Bei Gott ist der Quell des Lebens – ein nie versiegender Quell. Ersehne dieses Licht, diesen Quell, dieses so helle Leuchten, wie es deine Augen nicht kennen. Auf dieses Licht hin öffnet sich das innere Auge,

dein innerer Durst möchte von diesem Quell gelöscht werden. Laufe zur Quelle, verlange nach der Quelle.

C. Das Bild des Hirschen

Laufe nicht nur wie irgendein Tier; sondern laufe *wie der Hirsch!* Was meint nun dies: *Wie der Hirsch?* Bei ihm gibt es keine Lauf-Bequemlichkeit. Renne also unermüdlich; werde nicht müde, nach der Quelle zu dürsten. Der Hirsch sei uns ein Bild dieser drängenden Eile.

Die Schrift will wohl, daß wir noch anderes am Bild des Hirschen meditieren. Vernimm also, was sonst noch über den Hirsch bekannt ist. Er tötet die Schlangen; und dann entbrennt er in noch größerem Durst und läuft noch eiliger zum Wasser. Mit den Schlangen sind deine Laster gemeint. Vernichte die Schlangen der Bosheit; und dann wirst du die Quelle der Wahrheit noch eifriger ersehnen. Der Geiz mag dir etwas Finsteres einflüstern; doch er flüstert gegen Gottes Wort; er flüstert gegen Gottes Gebot, das da befiehlt, verachte dies und tue kein Unrecht. Ziehst du aber das Unrecht vor und bringst es nicht fertig, die gegenwärtige Bequemlichkeit zu verachten, dann ziehst du vor, dich von der Schlange beißen zu lassen, statt sie zu töten. Wenn du also immer noch deinen Lastern huldigst, deiner Gier, deinem Geiz, deiner Schlange, wie kann ich in dir dieses Sehnen nach dem Quellwasser entdecken? Wie kannst du den Quell der Weisheit verlangen, wenn in dir noch das Gift der Bosheit schwärt? Töte alles in dir, was der Wahrheit entgegensteht!

Wenn du dich dann frei weißt von bösen Begierden, dann bleibe nicht stehen, als ob das, was du ersehnst, nicht existiere. Es existiert doch, wohin du dich aufmachst; du hast ja schon die verdekkenden Hindernisse in dir beseitigt! Wenn du so nach dem Vorbild des Hirschen handelst, wirst du vielleicht zu mir sagen: Gott weiß es, ich bin nicht mehr habgierig, mich gelüstet nicht mehr nach Ehebruch, ich bin nicht mehr vor Haß und Neid blaß. So und ähnlich wirst du sprechen: ich habe mich davon frei gemacht.

Und dann fragst du: Woher kommt mir die sehnsüchtige Freude? Ersehne doch, woher dir die Freude kommt. Ersehne das *Quellwasser*. Gott besitzt das, womit er dich erquickt; er erfüllt jeden, der zu ihm kommt, der nach der Vernichtung der Schlange vor Durst entbrennt und wie der Hirsch zum Wasser eilt.

Und noch ein weiteres kannst du am Hirsch beachten. Man erzählt sich – und von einigen wurde es beobachtet, sonst würde man es nicht erzählen –, daß die Hirsche, wenn sie in Herden einherziehen oder zum anderen Ufer überschwimmen, sich gegenseitig die Last ihrer Geweihe auf den Rücken legen; der nachfolgende legt dabei seinen Kopf auf den voranziehenden, und so weiter bis zum Ende des Zuges. Wenn der erste Hirsch aber müde geworden ist, schließt er sich dem Ende des Zuges an, und sein Nachfolger übernimmt die Aufgabe; er selbst aber kann als letzter, wie die anderen, seinen Kopf auf den Rücken des vorangehenden ruhen lassen. So tragen sie einander die Schwere der Last; so ziehen sie voran, so lassen sie einander nicht im Stich. Ist hier nicht das Wort des Apostels vorgebildet, der da schreibt: *Einer trage des anderen Last und vollende so in Gemeinschaft das Gesetz Christi* (Gal 6,2)?

D. Die Sehnsucht nach Gottes Angesicht

Dieser Hirsch also als Bild des Gläubigen erblickt noch nicht, was er glaubt; und deshalb sehnt er sich nach Einsicht in das, was er liebt; er erträgt es, daß die feindlichen »Un-Hirsche«, deren Einsicht getrübt, deren Inneres voller Nacht und blinder Leidenschaft ist, ihn überdies noch beschimpfen und schelten: Er glaube und könne doch nicht zeigen, was er glaube. *Wo ist denn dein Gott?*

Wir aber wollen hören, wie sich der Hirsch solchen Worten widersetzt, und dann nach Möglichkeit ähnliches versuchen. Als erstes also gibt der Beter seinem Dürsten Ausdruck: *Wie der Hirsch sich sehnt nach den Wasserquellen, so sehnt sich meine Seele nach dir, Gott.* Aber will der Hirsch sich im Wasser vielleicht nur baden?

Wissen wir wirklich nicht, ob er um zu baden oder um zu trinken sich nach Wasser sehnt? Höre dazu nur, was folgt, und laß das Fragen: *Meine Seele dürstete nach dem lebendigen Gott.* Was ich zuerst zitierte: *Wie der Hirsch sich sehnt nach den Wasserquellen, so sehnt sich meine Seele nach DIR, GOTT*, muß weitergeführt werden: *Meine Seele dürstet nach dem Lebendigen Gott.*
Welcher Art nun ist ihr Durst? *Wann werde ich hingelangen und hintreten vor das Antlitz Gottes?* – Das also ist es, was ich erdürste: Hingelangen und Hintreten. Ich dürste auf der Pilgerschaft, ich dürste auf dem Wege; gesättigt aber werde ich bei der Ankunft. Aber *wann werde ich hingelangen?* Was vor den Augen Gottes nur ein Augenblick ist, bedeutet für das menschliche Sehnen eine lange Zeit. *Wann werde ich hingelangen und hintreten vor das Antlitz Gottes?*
Aus der gleichen Sehnsucht stammt auch das Wort eines anderen Schreienden: *Eines verlangte ich vom Herrn, dies möchte ich, daß ich wohnen darf im Haus des Herrn alle Tage meines Lebens.* Und warum? *Um die Freude des Herrn zu betrachten* (Ps 26,4), lautet die Antwort. *Wann werde ich hingelangen und hintreten vor das Antlitz Gottes?*

E. Aus dem Verkosten wächst ein noch größerer Durst

Bevor ich aber hingelange und hintrete, während ich meditiere, während ich eile, während ich auf dem Wege bin, (sind) *waren Tränen Tag und Nacht meine Speise, da man mir jeden Tag vorhält: Wo ist denn dein Gott? Die Tränen waren*, so heißt es, *meine Speise*, und nicht meine Bitternis. Süß waren mir selbst die Tränen. Da ich Durst hatte nach jener Quelle, aus der ich nicht trinken konnte, labte ich mich um so begieriger an den Tränen. Der Beter sagte nicht, meine Tränen wurden mir zum Trank, damit es nicht den Anschein habe, als habe er sie wie das Quellwasser ersehnt. Der Durst nämlich, der mich voll Lechzen zu den Wasserquellen treibt, wird nicht gelöscht in der Zeit, während mir die Tränen zur Speise geworden sind. Gerade weil ihn seine Tränen

speisen, dürstet einer noch begieriger nach dem Quellwasser. *Tränen waren Tag und Nacht meine Speise.* Normalerweise essen die Menschen ihr Brot am Tag und legen sich nachts zur Ruhe. Das Brot aber der Tränen wird Tag und Nacht zur Speise. Damit kann gesagt sein, daß dies ohne Unterlaß geschieht. Man kann aber auch unter dem Tag die Gunst und unter der Nacht die Ungunst der Zeit verstehen. Im Glück also, sagt der Psalm, wie im Unglück vergieße ich die Tränen meiner Sehnsucht, kann mein brennendes Verlangen nicht zügeln. Mag es mir in der Welt noch so gut ergehen, ich fühle mich unglücklich, solange ich noch nicht vor dem Antlitz Gottes stehe.
Wieso zwingst du mich, den Tag zu preisen, an dem mir etwas Gutes geschah? Ist nicht alles trügerisch? hinfällig? sterblich? Ist es nicht vergänglich, fliegt wie der Vogel vorüber, strömt wie das Wasser vorbei? Trägt es nicht mehr Trug als Freude in sich? Warum eigentlich sollte mir nicht selbst dann das Brot der Tränen zur Speise werden?

F. Der Aufstieg zu Gott

Wie sehr uns auch weltliches Glück umstrahlt – solange wir im Leibe sind, *sind wir fern vom Herrn* (2 Kor 5,6), und *jeden Tag hält man mir vor: Wo ist denn dein Gott?*

1. Jenseits der sichtbaren Dinge

Kann ich nicht den Heiden, der mir das vorhalten mag, zurückfragen: *Wo ist denn dein Gott?* Auf seinen Gott weist er nämlich mit dem Finger hin. Er zeigt auf einen Stein und sagt: Siehe, da ist mein Gott! *Wo ist denn dein Gott?* Wenn ich aber über seinen Stein lache, dann mag der Heide rot werden, hebt die Augen vom Stein hinweg zum Himmel und zeigt vielleicht zur Sonne mit den Worten: Siehe, da ist mein Gott! *Wo ist denn dein Gott?* Er hat das, was er zeigen möchte, mit seinen leiblichen Augen gefunden. Aber es bin nicht ich, der nicht zeigen kann, was er zeigen möchte, sondern es ist vielmehr er, der keine Augen besitzt, denen ich es zeigen kann. Er konnte zwar meinen leiblichen Augen die Sonne als seinen Gott aufweisen. Was für Augen sind das aber, denen ich den Schöpfer der Sonne zu zeigen vermag?

2. Grund alles Geschaffenen

Fürwahr, ich vernehme es täglich: *Wo ist denn dein Gott?* Und unter der Tränen-speise meditierte ich Tag und Nacht, was ich da vernahm: *Wo ist denn dein Gott?* Ich machte mich also selbst auf die Suche, damit ich meinen Gott nach Möglichkeit nicht nur zu glauben brauchte, sondern auch etwas von ihm erblicken könnte.

Ich sehe doch, was mein Gott geschaffen hat, nur ihn, meinen Gott, der dies tat, sehe ich nicht. Aber ich sehne mich nach ihm, *wie der Hirsch sich nach den Wasserquellen sehnt.* Bei ihm ist der *Quell des Lebens*; und der Psalm ist doch geschrieben worden, damit die *Söhne Kores* zum Verständnis kämen und damit *das unsichtbare Wesen Gottes durch die Schöpfung hindurch verstanden und erschaut werde* (Röm 1,20).

Was also soll ich tun, um meinen Gott zu finden? Ich will die Erde anschauen – aber sie ist geschaffen. Wie schön ist die Erde – doch sie hat einen Baumeister.

Wie wunderbar ist das Säen und Wachsen auf ihr – doch all das hat einen Schöpfer. Ich lasse die Augen über die Unendlichkeit des Meeres schweifen; ich staune; ich bewundere; ich suche den Künstler von alldem. Ich blicke zum Himmel und zur Pracht der Sterne auf. Ich bewundere den Glanz der Sonne, das Licht des Tages und den Mond, Trost nächtlicher Stunden. Wunderbar ist das alles, zu besingen, zu bestaunen, zu bejubeln; das ist schon nicht mehr irdisch, das ist himmlisch. Aber mein Dürsten ist dadurch noch nicht gestillt; ich bewundere, ich lobe – aber ich dürste weiter nach dem, der dies gemacht hat.

3. Die Geisteskraft der Seele

Ich kehre in mich selber ein; und ich erforsche, wer ich selbst nun bin, der dies alles sucht. Ich entdecke, daß ich Leib und Seele habe; der eine ist mir untertan; mit der anderen bin ich Herr. Der Leib dient, die Seele befiehlt. Mir wird immer deutlicher, daß die Seele wertvoller ist als der Leib; sie ist es doch, die solche Fragen stellt, die Seele und nicht der Leib. Und zugleich wird mir klar, daß alles, worauf mein Erkennen fällt, mir durch den Körper vermittelt wird. Ich lobte die Erde – mit den Augen habe ich sie erkannt; ich lobte das Meer – mit den Augen habe ich es erkannt. Ich lobte Himmel, Sterne, Sonne und Mond – mit den Augen habe ich sie erkannt. Die Augen gehören zum Leib; sie aber sind die Fenster des Geistes. Und in mir ist der, der durch sie schaut; wenn er sich nämlich in Gedanken anderswo befindet, stehen die Fenster des Leibes vergebens offen. Mein Gott aber, der all dies schuf, was ich mit den Augen sehe, ist durch diese Augen nicht aufzuspüren.

Doch es gibt auch etwas, was die Seele durch sich selbst erblickt. Es gibt auch etwas, was ich nicht wie Farbe und Licht mit den Augen erspüre; was ich nicht wie Gesang und Musik mit den Ohren vernehme; was ich nicht wie den Wohlgeruch mit der Nase rieche; was ich nicht wie den Geschmack mit Gaumen und Zunge koste; was ich nicht wie Härte und Weiche, wie Kälte und Hitze, wie Rauhes und Zartes mit dem Leib fühle. Gibt es nicht etwas, was ich in mir selbst sehe? Was also weder Farbe, noch Klang, noch Geruch, noch Geschmack, noch Wärme, noch Kälte, noch Härte, noch Weiche hat? Es sage mir doch einer, welche Farbe denn Weisheit hat! Wenn wir die Gerechtigkeit bedenken und dabei uns innerlich an ihrer Schönheit erfreuen, meint das einen Wohlklang für die Ohren? bedeutet dies, daß ein Geruch in die Nase steigt? kosten wir das im Munde? oder erfühlen wir es mit der Hand? Aber es ist in uns, und es ist schön, und es wird gelobt, und es wird erblickt. Mögen die Augen noch so sehr im Dunkel bleiben, die Seele wird vom Licht durchflutet. Was sah denn eigentlich Tobias, als er, der Blinde, seinem Sohn, dem Sehenden, Ratschläge gab (Tob 4,2)?

Es gibt also auch etwas, was die Seele selbst sehen kann, die den Leib beherrscht, leitet und bewohnt; was sie nicht durch die Augen des Leibes, nicht durch die Ohren, nicht durch die Nase, nicht durch den Gaumen und nicht durch den Tastsinn erspürt, sondern durch sich selbst. Und dieses, was die Seele aus eigener Kraft erkennt, ist kostbarer als das, was sie mit Hilfe des Körpers, ihres Knechtes erblickt. Fürwahr, sich selbst erblickt sie durch sich selbst; sie erkennt, daß sie sich selbst gewiß ist. Sie braucht nicht die Hilfe der Leibesaugen, damit sie sich selbst sieht. Im Gegenteil; sie zieht sich von allen körperlichen Sinnen zurück, die sie doch nur hindern und ablenken, und wendet sich zu sich selbst, damit sie sich in sich selber sehe, damit sie verstehe, wie sie bei sich selbst sei. Ist aber nun ihr Gott auch von der Art, wie es die Seele ist?

4. Über die Seele und das Selbst hinaus

Zwar kann Gott nur über die Seele erblickt werden, aber er wird dennoch nicht so erschaut, wie die Seele sich selbst anschaut. Und immer noch sucht die Seele, was nun Gott sei, und worüber jene nicht mehr schelten können: *Wo ist denn dein Gott?* Sie sucht eine Wahrheit von ewigem Bestand, ein Wesen ohne Makel. Das aber ist die Seele nicht selbst; sie wird schuldig und macht es wieder gut; sie ist wissend und unwissend; sie erinnert sich und vergißt es; mal will sie etwas und mal will sie es nicht. In Gott gibt es keine solchen Veränderungen. Wenn ich doch sagen würde: Gott ist veränderlich, wie würden mich jene verspotten, die da fragen: *Wo ist denn dein Gott?*

Im Sichtbaren und Leiblichen meinen Gott suchend – aber ihn nicht findend; sein Wesen in mir selbst suchend, als ob es meinem Selbst ähnlich sei – und auch dies nicht findend; so beginne ich zu ahnen, daß mein Gott jemand ist über meine Seele hinaus. Um ihn also anzurühren, *meditierte ich dies, und goß meine Seele aus über mich selbst hinaus*. Muß sich doch nicht meine Seele über sich selbst hinaus ergießen, wenn sie berühren will, was jenseits von ihr selbst, meiner Seele, ist? Bliebe sie nur in sich, sähe sie nichts als sich selbst. Und wenn sie nur sich selbst sähe, sähe sie eben nicht ihren Gott.

Aber jene spotten und sagen: *Wo ist denn dein Gott?* Sie sagen es – und mir, der ich nicht sehe, der ich mich verzehre, werden *Tag und Nacht meine Tränen zur Speise*. Sie sagen es immer noch: *Wo ist denn dein Gott?* Und ich suche meinen Gott in den Dingen des

Himmels und der Erde – aber ich finde ihn nicht. Ich suche sein Wesen in meiner Seele – aber ich finde ihn nicht.
Dann aber – meditierend über das Suchen nach Gott und mich sehnend, *das unsichtbare Wesen Gottes durch die Schöpfung hindurch zu verstehen und zu erschauen* (Röm 1,20) – *goß ich meine Seele aus über mich selbst hinaus*. Was kann ich dort denn anderes finden als meinen Gott? Dort ist die Wohnung meines Gottes, dort, über meine Seele hinaus. Dort wohnt er; von dort her schaut er mich an; von dort her schuf er mich; von dort her regiert er mich; von dort her rät er mir; von dort her weckt er mich; von dort her ruft er mich; von dort her leitet er mich; von dort her lenkt er mich; von dort her führt er mich zum Ziel.

G. Die Kirche – Widerschein von Gottes ewigem Fest

Er aber, der erhaben im ewigen Geheimnis wohnt, hat sein Zelt auch auf der Erde aufgeschlagen. Sein Zelt auf dieser Erde, die Kirche, ist noch auf dem Weg. Hier aber ist zu suchen; denn in diesem Zelt findet sich der Weg, auf dem man zu seiner ewigen Wohnung gelangt.
Meine Seele hat sich aber schon *über sich selbst ausgegossen*, um meinen Gott zu berühren – warum denn noch dieses: *Ich betrete den Ort des Zeltes*? Die Antwort lautet: Außerhalb des Zeltes gehe ich bei der Suche nach meinem Gott in die Irre. *Ich betrete den Ort des erhabenen Zeltes hinstrebend zum Hause Gottes*. Ich betrete also den Ort des Zeltes, des erhabenen Zeltes, hin zur Wohnung Gottes.
Vieles bestaune ich in diesem Zelte. Vernehmt nur, was ich alles schon im Zelte bewundere! Gottes Zelt auf Erden sind nämlich die gläubigen Menschen. Und bei ihnen bewundere ich, daß sie ihren Leib in den Gehorsam hineingestellt haben. Denn in ihnen *herrscht nicht die Sünde, die sie ihren Begierden unterwirft; sie übergeben ihre Glieder nicht der Sünde als Werkzeug der Bosheit, sondern sie übergeben sie dem* lebendigen *Gott* zu gutem Wirken (Röm 6,12f.).

Ich bewundere den guten Kampf des Leibes unter Leitung der Seele, die Gott dient. Ich schaue auch die Seele an; wie sie Gott dient; wie sie ihre Werke verrichtet; wie sie die Leidenschaften zähmt; wie sie die Unwissenheit austreibt; wie sie ohne Zögern alles Bittere und Harte erträgt; wie sie den Mitmenschen Gerechtigkeit und Liebe erweist. Wie bewundere ich diese Tugenden in der Seele. Aber immer noch befinde ich mich im Zelt.

Doch ich durchschreite auch dies; und wie wunderbar das Zelt sein mag, ich bin starr vor Staunen, wenn ich zur Wohnung Gottes gelange. Von ihr betet in einem anderen Psalm ein Frommer, der sich die harte und schwere Frage stellte, warum es auf dieser Welt den Bösen meist gut, und den Guten meist böse ergeht: *Ich ging auf die Suche nach Einsicht, doch alle Mühe liegt vor mir, bis ich eintreten darf in das Heiligtum Gottes, bis ich Einsicht erhalte in den letzten Sinn* (Ps 72,16f.). Dort nämlich, in Gottes Heiligtum, im Gotteshaus, ist der Quell der Einsicht. Dort nämlich wurde ihm der letzte Sinn kund, und er fand die Antwort auf die Frage nach dem Glück der Bösen und der Mühsal der Gerechten. Und was war die Antwort? Die Bösen, deren Strafe hier aufgeschoben ist, gehen ein in die ewige Strafe. Die Guten, die hier Mühsal erleiden, bereiten sich vor auf das endgültige Erbe. Dies erkannte der Beter im Heiligtum Gottes, ihm ward Einsicht in den letzten Sinn geschenkt.

Aufsteigend durch das Zelt Gottes gelangt man zum Hause Gottes. Sogar dadurch, daß einer nur die Räume des Zeltes bewundert, wird er hindurchgeführt zum Haus Gottes; er folgt einem Wohlgeruch; ihn zieht ein unbeschreiblicher, geheimer Wohlklang an, als ob vom Hause Gottes her ein zarter Orgelton ertöne. Und wenn er so durch das Zelt hindurch geht, einen leisen Klang vernehmend, vom Wohlgeruch geführt, der Musik nachgehend, das Getöse von Fleisch und Blut abstreifend – dann gelangt er zum Hause Gottes. Der Beter weist doch selbst auf seinen Weg und seine Zielstrebigkeit hin, so als ob wir ihn fragten: Du bewunderst das Zelt auf dieser Erde, wie willst du zum Geheimnis des Hauses Gottes gelangen? *In dem Klang von Jubel und Preis*, antwortet er, *in der Musik des Festefeierns*.

Wenn die Menschen hier die Feste ihrer Vergnügungsfreude feiern, dann stellen sie vor ihren Türen gerne Musikinstrumente auf, oder kleine Orchester, oder irgend etwas, was Wohlklang hervorbringt und die Menschen ins Vergnügen lockt und hinleitet. Wo man so etwas hört, fragt man beim Vorübergehen natürlich: Was geht hier vor sich? und bekommt die Antwort: Ein Fest wird gefeiert, ein Geburtstag oder eine Hochzeit. Darin liegt der Sinn der Gesänge, und das ist der Grund für den Überschwang des Freuens. Im Haus Gottes aber wird ein ewiges Fest gefeiert; nicht nur ein paar Tage oder auch Wochen lang. Nie aufhörende Festlichkeit – Chöre von Engeln – beglückende Gegenwart Gottes – Freude, die keine Traurigkeit mehr kennt: Ein Festtag ohne Anfang und ohne Ende. Von jenem unaufhörlichen ewigen Fest tönt ein wunderbarer Gesang und umschmeichelt die Ohren meines Herzens – wenn es nicht taub geworden ist vom Lärm der Welt. Wer in diesem Zelt einhergeht und die Wundertaten betrachtet, die Gott zur Rettung der Gläubigen vollbrachte, der hört den schmeichelnden Klang der Festesfreude; und wie der Hirsch wird er zu den Wasserquellen hingerissen.

H. Zwischen Erfahren und Ersehnen

Doch, meine Brüder, *solange wir in unserem Körper leben, sind wir fern vom Herrn* (2 Kor 5,6); *der vergängliche Leib zieht die Seele nach unten, und die irdische Behausung belastet den Geist in seinem eifrigen Nachsinnen* (Weish 9,15). Auf dem Weg unserer Sehnsucht mögen sich die Nebel gelegentlich zerstreuen, und es gelingt uns hier und da, etwas von dem Klang aus dem Hause Gottes zu vernehmen; aber dann fallen wir doch durch die Last unserer Schwäche in den Alltag zurück und gleiten ins Gewöhnliche ab.

1. Die Notwendigkeit einer bleibenden Spannung

Aber wie könnten wir dort den Grund unserer Freude finden, wenn wir nicht hier am Mangel dessen leiden würden, wonach wir seufzen. Diesem »Hirsch« werden doch *Tag und Nacht seine Tränen zur Speise*, da er hingerissen wird in Sehnsucht *nach den Wasserquellen*, nach dem inneren Verkosten Gottes. Er *gießt sich aus über seine Seele hinaus*, um das anzurühren, was jenseits der Seele liegt. Er *betritt den Ort des erhabenen Zeltes, hinstrebend zum Hause Gottes*, und, angelockt vom inneren, geistigen Wohlklang, verachtet er alles Äußere und wird im Inneren hinweggerissen. Aber dennoch ist er und bleibt er ein Mensch, der seufzt, der das hinfällige Fleisch trägt, der durch die Ärgernisse dieser Welt in Versuchung gerät.

So schaut der Beter also auf sich zurück: Woher er kam, und dann spricht er, der in dieser traurigen Welt lebt, es aus und vergleicht dies alles mit dem, was zu schauen er begann und wohin zu gelangen er eilt: *warum, meine Seele*, spricht er, *bist du traurig, warum betrübst du mich?* Sieh doch, ich durfte mich schon an diesem inneren Wohlgeschmack erfreuen. Sieh doch, in meiner Seelenmitte durfte ich schon – wenn auch nur kurz berührend – ein Stück der Unvergänglichkeit erschauen. *Warum also betrübst du mich? Warum bist du immer noch traurig?* Du zweifelst doch nicht an deinem Gott? Du weißt doch, was du jenen zu antworten hast, die da sagen: *Wo ist denn dein Gott?* Ich habe schon einen Hauch der Unvergänglichkeit erspürt, *warum betrübst du mich* immer noch?

Hoffe auf Gott, so mag ihm schweigend die Seele antworten, ich betrübe dich, weil ich noch nicht dort bin, wo jenes köstliche Zuhause ist, zu dem ich schon für kurze Augenblicke entrückt ward. Kann ich aber schon aus jener Quelle ohne Angst vor Gefährdung trinken? Brauche ich kein Ärgernis mehr zu fürchten? Bin ich schon sicher vor meinen Begierden, als ob sie alle gezähmt und besiegt seien? Liegt nicht mein Feind, Satan, gegen mich auf der Lauer? Stellt er mir nicht täglich heimtückische Fallen? Und du willst, daß ich dich nicht trüben soll, der du doch in dieser Erdenzeit lebst und *fern* vom *Herrn* bist?

Aber *hoffe auf Gott*, so antwortet er seiner Seele, die ihn betrübt und ihm dann gleichsam Auskunft gibt über den Grund des Betrübens: Weil nämlich die Welt von Bosheit überfließt. Für jetzt verweile doch in der Hoffnung. *Eine Hoffnung aber, die man sieht, ist keine Hoffnung; wenn wir das erhoffen, was wir nicht sehen, dann warten wir darauf mit Geduld* (Röm 8,24.25).

2. Lobpreis Gottes in Hoffen und Harren

Hoffe auf Gott. Warum hoffen? Weil ich ihn bekennend lobpreisen will! Was wirst Du vor ihm bekennen und lobpreisen? *Heil meines Angesichts, mein Gott!* Von mir her kann mir kein Heil werden; das möchte ich sagen, das will ich bekennen mit dem Satz: *Heil meines Angesichtes, mein Gott.*

Der Beter des Psalms möchte vor dem, was er schon irgendwie erblickte und verstand, dennoch in heilsamer Furcht bleiben; deshalb wendet er sich wieder einmal in Besorgnis zurück, damit sich nicht heimlich der Feind einschleiche. Und deshalb sagt er nicht einfachhin: Ich bin ganz und gar im Heil. Denn obgleich *wir die Erstlingsgabe des Geistes haben, seufzen wir in uns selbst und erwarten die Annahme an Kindes statt, den Loskauf unseres Leibes* (Röm 8,23). Erst wenn dieses Heil in uns vollkommen ist, werden wir für immer im Hause Gottes leben, und ohne Unterlaß ihn loben, von dem gesagt ist: *Selig sind die, die in deinem Hause wohnen, von Ewigkeit zu Ewigkeit werden sie dich loben* (Ps 83,5).

Doch das ist noch keine Tatsache; denn das verheißene Heil ist noch nicht Wirklichkeit. So will ich in Hoffnung meinen Gott bekennend lobpreisen und ihm sagen: *Heil meines Angesichts, mein Gott! In Hoffnung nämlich sind wir gerettet. Eine Hoffnung, die man sieht, ist keine Hoffnung* (Röm 8,24).

Sei also beharrlich, damit du hingelangst; warte beharrlich, bis das Heil kommt. Vernimm deinen Gott, der von innen her zu dir spricht: *Erwarte den Herrn, sei mannhaft und stark in deinem Herzen; erwarte den Herrn* (Ps 24,14). Denn *wer bis zum Ende ausharrt, der wird gerettet werden* (Mt 10,22; 24,13). *Warum, meine Seele, bist du traurig, warum betrübst du mich, hoffe auf Gott, bekennend will ich ihn lobpreisen.* Und dies ist mein bekennendes Lob: *Heil meines Angesichts, mein Gott!*

3. Das Heil von Gott

Zu mir selbst gekehrt, ist meine Seele verwirrt! Wird sie auch auf Gott blickend verwirrt? *Zu mir gekehrt, ist sie verwirrt.* Hingewandt zum Unvergänglichen wurde sie erquickt, hingewandt zum Vergänglichen wurde sie verwirrt. Ich weiß: Meines Gottes Gerechtigkeit wird bleiben; ob meine bleibt, weiß ich nicht. Das Wort des Apostels nämlich schreckt mich: *Wer glaubt zu stehen, sehe zu, daß er nicht falle* (1 Kor 10,12). In mir gibt es keine Sicherheit, und deshalb gibt es auch keine Hoffnung auf mich selbst. *Zu mir selbst gekehrt, ist meine Seele verwirrt.* Du willst aber nicht verwirrt sein? Bleibe also nicht in dir selbst, sondern sage: *Zu dir Herr, habe ich meine Seele erhoben* (Ps 24,1).

Darüber vernimm weiteres. Hoffe nicht auf dich, sondern auf deinen Gott. Wenn du nämlich auf dich hoffst, wird deine *Seele, die zu dir gekehrt ist, verwirrt.* Denn sie findet nichts in dir, woher ihr Sicherheit sein kann. Wenn also *meine Seele zu mir selbst gekehrt verwirrt ist*, was bleibt ihr anderes als Demut, auf daß die Seele nicht wegen ihrer selbst überheblich werde? Sie schreibe nichts sich selber zu, damit ihr von jenem das geschenkt werde, was ihr zum Nutzen sei.

4. Die Demut des Sünders

Weil also *meine Seele zu mir selbst gekehrt verwirrt ist*, und weil der Hochmut diese Verwirrung stiftet: *Deshalb gedachte ich deiner, Herr, vom Lande am Jordan aus und in Hermoniim, dort, auf dem kleinen Berg.*

Wo gedachte ich deiner? Auf dem kleinen Berg und vom Lande am Jordan aus. Vielleicht meint dies die Taufe, wo die Vergebung der Sünden geschieht. Niemand nämlich gelangt zur Vergebung der Sünden, wenn er nicht vorher von sich selbst Abstand nimmt. Niemand gelangt zur Vergebung der Sünden, wenn er sich nicht als Sünder bekennt. Niemand bekennt sich als Sünder, wenn er sich nicht vor Gott demütigt. So also *gedachte ich deiner vom Lande am Jordan aus, dort auf dem kleinen Berg.* Auf keinem großen Berg – damit du aus dem kleinen Berg einen großen machen

kannst; denn *wer sich erhöht, wird gedemütigt werden, und wer sich demütigt, wird erhöht werden* (Lk 14,14; 18,14).
Du kannst auch den Sinn der Namen ausdeuten. *Jordan* bedeutet: Ihr Hinabsteigen. Steige also hinab, und du wirst erhöht; erhebe dich nicht, damit du nicht zerschmettert zu Boden fällst. *Und in Hermoniim, dort auf dem kleinen Berg. Hermoniim* bedeutet: Verdammung. Verdamme dich selbst, indem du dir mißfällst. Du wirst nämlich Gott mißfallen, wenn du dir selbst gefällst. Gott ist es doch, der alles Gute schenkt; denn Gott selbst ist der Gute; und nicht wir sind es, die des Guten würdig sind. Denn Gott ist es, der Barmherzigkeit zeigt; und nicht wir sind es, die Verdienste vorweisen können.
Vom Lande am Jordan aus und in Hermoniim gedachte ich Gottes. Wer sich in Demut auf sich selbst besinnt, verdient es, erhöht und beglückt zu werden. Denn er erhöht sich nicht selbst, sondern rühmt sich in Gott.

I. Meditation über das Wort: Abgrund

(Augustinus nimmt den Vers: *Ein Abgrund ruft den anderen Abgrund im Schall deiner Wasserfluten*, zum Anlaß, über die Tiefe des biblischen Wortes und das Geheimnis des Gerichts zu meditieren.)

K. Zeit der Trübsal und Zeit der Barmherzigkeit Gottes

Aber weil du es bist, der befreit, deshalb sprach ich zu meiner Seele: *Hoffe auf Gott, damit bekennend ich ihn lobpreise, Heil meines Angesichtes, mein Gott.* Je drückender die Übel, um so kostbarer wird dein Erbarmen sein.
Und deshalb fährt der Psalm fort: *Am Tag verhieß der Herr seine Barmherzigkeit, und in der Nacht wird er sie offenbaren.* In der Trübsal hat man keine Zeit, hinzuhören. Seid also aufmerksam, wenn es euch gut geht; höret, wenn es euch gut geht; lernet, wenn

euch Ruhe geschenkt ist, die Ordnung der Weisheit, und sammelt das Wort Gottes wie einen Speisevorrat ein. Wenn dann jemand in Trübsal fällt, dann kommt ihm zugut, was er in Zeiten der Ruhe vernahm. Im Glück nämlich verleiht dir Gott *seine Barmherzigkeit*, wenn du ihm treu dienst; aus der Trübsal aber befreit er dich. *Die Barmherzigkeit*, die er *dir am Tag verhieß, wird er dir erst in der Nacht offenbaren.* Wenn die Trübsal kommt, dann läßt er dich nicht ohne Hilfe; er zeigt dir, wie wahr es gewesen ist, was er dir am Tag verhieß. So nämlich steht irgendwo geschrieben: *Kostbar ist die Barmherzigkeit des Herrn in der Zeit der Trübsal wie die Regenwolke in der Zeit der Trockenheit* (Eccli 35,26). *Am Tag verhieß der Herr seine Barmherzigkeit, in der Nacht wird er sie offenbaren.* Er zeigt dir nicht, wie er dir hilft, ehe die Trübsal da ist; dann aber wirst du von ihm, der es dir bei Tag versprach, daraus errettet.
So werden wir ermahnt, *die Ameise nachzuahmen* (Prov 6,6). Wie nämlich die Gunst der Zeit durch den Tag, und die Ungunst der Zeit durch die Nacht ausgedrückt wird, so läßt sich auch die Gunst der Zeit durch den Sommer und die Ungunst der Zeit durch den Winter versinnbildlichen. Und was tut die Ameise? Im Sommer sammelt sie ein, damit es ihr im Winter nütze. Solange es also Sommer ist und es euch gut geht und ihr in Ruhe lebt, hört auf das Wort des Herrn. Wie könnte es doch in der Ungunst der Zeit jemand geschehen, daß er ohne Trübsal diese ihre ganze Meeresfläche zu überqueren vermöchte? Wie könnte das geschehen? Wem unter den Menschen gelingt das? Und wenn es einem gelänge, müßte er nicht vor einer solchen Ruhe noch mehr Angst haben? *Am Tag verhieß der Herr seine Barmherzigkeit, und in der Nacht wird er sie offenbaren.*

L. Das Gebet des Lebens

(Im Schlußteil versucht Augustinus sehr hastig einiges über die Dunkelheiten des geistlichen Lebens zu sagen: Gebet als Opfer, Erfahrung von Gottverlassenheit, Ärgernisse innerhalb der Kirche.)

M. Stand der Pilgerschaft – Stand der Sehnsucht

Aber ich, dessen *Seele zu mir selbst gekehrt, verwirrt ist*, was kann ich ihr anderes sagen als dies: *Warum bist zu traurig, meine Seele, und warum verwirrst du mich?* So frage ich sie, während sie gleichsam antwortet: Wie kannst du nicht wollen, daß ich dich betrübe, da du dich doch inmitten solcher Bosheiten befindest? Da du doch nach dem Guten seufzt, dürstest und dich abmühst – wie kannst du nicht wollen, daß ich dich betrübe? *Hoffe auf Gott, denn bekennend will ich ihn lobpreisen.* Sie ruft das Bekenntnis aus und spricht noch einmal den Hort der Hoffnung an: *Heil meines Angesichts und mein Gott.*

IV. Erfahrung des Geistes

Die achte Ansprache Bernhards von Clairvaux zum Hohenlied

Einführung und Lesehinweise

Bernhard von Clairvaux († 1153) ist eine der Ausnahme-Persönlichkeiten, die einer ganzen Zeit ihren Stempel aufdrücken konnten. Er beeinflußte die Kirchenpolitik wie die Angelegenheiten der europäischen Staaten; er griff in kulturelle und wissenschaftliche Fragen seiner Zeit ein und bestimmte den Geist der neugegründeten Reform-Benediktiner, der Zisterzienser, ohne deren Kulturschaffen die Gotik nicht zu denken ist.

Der Heilige war auch *ein Kind seiner Zeit*, wie die Schatten, die sein Leben begleiteten, zeigen. Aber er wuchs zu einer Größe, die seine Zeit überragte. Und dies weniger durch Aktivität als durch die Erfahrung seiner Kontemplation. Die ungeheure Arbeitslast ruhte auf einem mystischen Leben in Gott, das bis heute fasziniert. Wer von der Mystik des Mittelalters spricht, muß zuerst ihn, Bernhard, nennen.

Und wer von der Mystik *Bernhards von Clairvaux* spricht, nennt im gleichen Atemzug seine *Hohe-Lied-Ansprachen*. Die Tradition, die das Hohelied auf die Begegnung von Gott und Mensch auslegt, erreicht in ihm einen Gipfel. Mit den 86 Ansprachen, die er von 1135–1153 niederschrieb, kann er gerade noch zwei von den sieben Kapiteln kommentieren; – so reich fließen die Erfahrungen mit Gott, die Zeitereignisse, die persönlichen Erlebnisse und Antworten, die er auf immer neue Fragen gibt.

Das *Problem der Übersetzung* ist Bernhards ausgefeilte Sprache. Er hat seine Predigten so sehr durchgearbeitet, daß man oft genug geneigt ist, sie Poesie und nicht Prosa zu nennen. Bei wohl keinem anderen christlichen Mystiker läßt sich so exakt wie bei ihm verifizieren, daß innere Erfahrung und ästhetische Form, daß Mystik und Sprache (in einem weiten Sinn) zusammengehören.

Die hl. Schrift mit ihren Bildern, Worten und Sätzen, mit ihren grammatikalischen Wendungen und logischen Verknüpfungen war für Bernhard *Wörterbuch und Grammatik der eigenen Erfahrung.* Man müßte alle ihre Bücher im Gedächtnis haben, um voll und ganz mit Bernhard miterleben zu können. Auch die *Eleganz des Sprechens* läßt sich nicht adäquat wiedergeben. Die Schlußwendung vorliegender Predigt klingt z. B. auf Deutsch hart und unbeholfen: »wenn auch nicht geküßt, so doch angebetet.« Der lateinische Wortlaut aber mit der Einbettung in die liturgische Doxologie und den Nachklang aus Psalm 94 tönt lyrisch: »Dominus Deus tuus, fortasse non osculandus, sed adorandus cum Patre et Spiritu Sancto in saecula saeculorum. Amen.«

Bernhard *bindet Bilder und Begriffe sprachlich und gedanklich zusammen*; das machte die Dichte und die Ausdruckskraft seiner Predigt aus: »Summus aequalem, aeternus coaeternum, unus unicum.« Auf Deutsch muß das steif und abstrakt klingen: »Das Höchste den Wesensgleichen ...« Die Musikalität der Sprache verstummt dabei.

Aber dennoch sollte es dem Leser und Meditierenden gelingen, sich in die Welt der bernhardinischen Erfahrungen einzufühlen. Wichtig ist, daß er sich auf *die Einheit von Poesie und Erfahrung* einläßt. Der die Predigt bestimmende Unterschied von »Geküßtwerden-vom-Mund« und »Geküßt-werden-vom-Kuß-des-Mundes« bietet kein abgeschmacktes Bild oder einen leeren Geistesblitz. Er stammt aus der Erfahrung. Auf Latein klingt er noch musikalischer: »Osculari ore – osculari osculo oris«. Bernhard gießt seine Liebeserfahrung in ein poetisches Bild. Nur im Gleichklang ähnlicher Erfahrungen kommen die Bilder zum Schwingen:

»Es ist Liebe, die hier spricht, und wer dies verstehen will, muß zuerst lieben. Sonst wäre es sinnlos, diesen Gesang der Liebe zu lesen. Für ein kaltes Herz ist es nämlich ganz und gar unmöglich, den tieferen Sinn eines solchen entflammten Sprechens zu begreifen.«

Aus der Liebes-Erfahrung kann auch aufgehen, daß die Poesie ihr einzig adäquater Ausdruck ist. Liebe drängt zur Kommunikation. Natürlich gibt es dabei Stufen des Gelingens. Aber eine Mystik, die in der Liebe ihren Höhepunkt erfährt, wird niemals so sprachlos werden wie eine Mystik, die sich am Versinken ins grundlose Meer und am Aufgeben der eigenen Individualität orientiert.

Bernhard erfuhr in seiner Liebesmystik *eine innere Stufung*. Der Mensch erfährt Gott nur in der Dialektik von Abstand und Nähe, von Dunkelheit und Helle, von Vermittlung und Unmittelbarkeit. Ähnliches geschieht auch zwischen zwei menschlichen Personen; sie lieben, sie begegnen sich unmittelbar, direkt; und doch geschieht dies nur durch Vermittlung ihrer konkreten leiblichen Gestalt, ihrer Gesten, ihres Händedrucks, ihres Sich-Anschauens, ihres Wortes, ihres Schweigens.

Diese *»Vermittlung«* innerhalb der Gotteserfahrung findet Bernhard im Bild vom»Kuß, mit dem wir geküßt werden«, statt direkt vom Munde Gottes geküßt zu werden. Das ist ein Bild des Heiligen Geistes, der auf Gott hin und in Gott »vermittelt« und zugleich unmittelbar Gott selbst ist.

Neben Sprache und neben Geist und Liebe ist die *Jesus-Bezogenheit* das dritte Kennzeichen der bernhardinischen Mystik. In den Jahrhunderten nach Bernhard fallen die beiden Beziehungen zu Jesus auseinander: auf der einen Seite eine Jesus-Innigkeit und Konkretheit, die wir an spätgotischen Bildern so schätzen; auf der andern Seite die theologische Tiefe einer Worttheologie, aus der Meister Eckhart dachte, die aber bildlos und kalt zu werden droht: Die letzten Abschnitte der Predigt leben aus der Einheit dieser mystischen Erfahrung, die bräutliche Liebe des Hohenliedes und johanneische Worttheologie vereint.

Der Meditierende muß sich bewußt sein, daß der einzig volle Zugang zu diesem Zeugnis der Mystik *das Tor der Liebe* ist:

»Heilige Liebe ist alles und jedes, was in diesem Gesang (des Hohenliedes) zur Sprache kommt. Wir müssen uns daran erinnern, daß die Liebe von sich selbst Kunde gibt, nicht durch Worte und Sätze, sondern durch Tun und Erfahrung. Es ist Liebe, die hier spricht, und wer dies verstehen will, muß zuerst lieben...«

Dann aber kann *die Poesie* des Textes, die noch in der Übersetzung durchscheint, zum Miterleben verhelfen. Der christliche Glaube weiß und die christliche Mystik berührt in der Erfahrung: daß die Liebe das letzte ist. Und deshalb haben sie die Kühnheit, auch in Gott Liebesregung zu erahnen; das Band der Liebe aber ist der Geist.

Die Texte

Homilie zum ersten Vers des Hohenliedes Salomos

Er küsse mich mit dem Kuß seines Mundes
Heute möchten wir, wie gestern versprochen, über das Erhabenste sprechen, über den Kuß des Mundes. Hört also aufmerksamer auf das, was noch köstlicher, noch erlesener, noch subtiler ist.

A. Von dem unaussprechlichen Kuß der Liebe zwischen Vater und Sohn

Doch ich möchte meine Ansprache mit etwas beginnen, was sogar noch darüber hinaus liegt. Jener nämlich, der da sagt: *Nur der Vater kennt den Sohn und nur der Sohn, oder wem es der Sohn offenbaren wollte, kennt den Vater* (Mt 11,27), hat nach meiner Meinung damit einen Kuß gemeint, der jenseits aller Worte und jenseits aller Erfahrung der Geschöpfe liegt. Der Vater nämlich liebt den Sohn und umarmt ihn in einzigartiger und einziger Liebe –

der Höchste den Wesensgleichen, der Ewige den Gleich-Ewigen, der Eine den Einzigen. Und er selbst wird in nicht geringerer Liebe vom Sohn umarmt. Stirbt doch dieser aus Liebe zu ihm; so wie er es selbst bezeugt: *Damit alle wissen, daß ich den Vater liebe, steht auf, laßt uns gehen* (Joh 14,31) – das meint zweifelsohne: ins Leiden hinein. Ist nicht dieses einander zuneigende, zwischen Zeuger und Gezeugtem schwingende Erkennen und Lieben ein Kuß, der süßer ist, aber auch verborgener als alles andere?
Ich bin sicher: zu einem solchen erhabenen und heiligen Geheimnis der göttlichen Liebe hat nicht einmal ein Geschöpf von der Würde der Engel Zutritt. Selbst Paulus erfuhr doch, daß *jener Friede alle* – auch die engelgleiche – *Einsicht übersteige* (Phil 4,7).

B. Vom Kuß der Braut, das ist der Geist zwischen Vater und Sohn

Nicht einmal die Braut, die sich doch vieles herausnehmen darf, wagt daher zu sagen: *Er küsse mich mit seinem Mund.* Dies steht nur dem Vater zu. Sie aber bittet um Geringeres: *Er küsse mich mit dem Kuß seines Mundes* (Hld 1,1).
Schaut also auf die neue Braut, die den neuen Kuß empfängt; zwar nicht von seinem Mund, aber vom Kuß seines Mundes.
Er hauchte sie an, berichtet die Schrift, und meint damit natürlich Jesus und die Apostel, das heißt die Urkirche; *und sprach: Empfanget den Heiligen Geist* (Joh 20,22). Das war doch ein Kuß! – womit wir allerdings nicht das rein körperliche Geschehen meinen. Es ist der unsichtbare Geist! Deshalb wurde er im Anhauchen des Herrn geschenkt, damit man versteht, daß er gleicherweise von ihm wie *vom Vater ausgeht* (Joh 15,26). – Wahrhaftig doch ein Kuß, der beiden, dem Küssenden und dem Geküßten, zu eigen ist. Deshalb auch genügt es der Braut, wenn sie vom Kuß des Bräutigams und nicht von seinem Mund selbst geküßt wird. Es ist fürwahr nicht gering und abschätzig, vom Kuß geküßt zu werden; denn das heißt doch, den Heiligen Geist zu empfangen.

Wenn wir also zu Recht annehmen, daß der Vater küßt und der Sohn geküßt wird, dann kann der Kuß selbst nur der Heilige Geist sein. Er ist doch der Friede von Vater und Sohn über allem Unfrieden, das unzerreißbare Band, die personale Liebe, die untrennbare Einheit.
Um ihn also geht es der kühnen Braut; um ihn bittet sie voll Vertrauen, wenn sie nach dem Kuß verlangt. Sie hat ja auch das Unterpfand in der Hand, so kühn und vertrauensvoll zu bitten. Als der Sohn nämlich sprach: *Nur der Vater kennt den Sohn, und nur der Sohn den Vater*, ergänzte er dies um das andere Wort: *Oder wem der Sohn es offenbaren wollte* (Mt 11,27). Die Braut aber vertraut fest darauf, daß er dieses Wort, wenn überhaupt jemand, dann ihr zusagt.
Sie bittet also kühn um den Kuß, das ist: um jenen Geist, in dem sich der Vater wie der Sohn kundtun.

C. Von der Erfahrung des Vaters und des Sohnes in der Liebe des Geistes

(In einer johanneisch geprägten Schrifttheologie wird gezeigt, daß Gotteserfahrung Teilnahme am Erkennen von Vater und Sohn ist; der Mystiker steht in deren gegenseitiger, gütiger Hinneigung. »Die Liebe nämlich von beiden und ihre Güte, das ist der Heilige Geist.«)

D. Von der Einheit der Gotteserkenntnis und der Gottesliebe

Die Offenbarung aber, die im Heiligen Geist geschieht, erleuchtet nicht nur zum Erkennen, sondern entflammt auch zur Liebe. So lehrt der Apostel: *Die Liebe Gottes ist ausgegossen in unseren Herzen durch den Heiligen Geist, der uns geschenkt wurde* (Röm 5,5).
Das ist wohl auch der Grund, warum von denen, *die Gott erken-*

nen, ohne ihn als Gott zu verherrlichen (Röm 1,21), nicht gesagt wird, daß sie aus der Offenbarung des Heiligen Geistes erkannten; denn obgleich sie erkannten, liebten sie nicht; denn so ist zu lesen: *Gott nämlich hat ihnen geoffenbart* (Röm 1,19), wobei die Beifügung, durch den Heiligen Geist, fehlt. Diese unfrommen Köpfe sollen sich nämlich nicht des Kusses der Braut bemächtigen; sie, die sich mit dem *Erkennen, das aufbläht*, zufrieden geben, vom Erkennen aber, *das aufbaut*, nichts wissen wollen (1 Kor 8,1).
Der Apostel selbst zeigt es auf, woher sie ihre Erkenntnis hatten: *Durch das* nämlich, *was geschaffen ist, gelangten sie zur Erkenntnis* (Röm 1,20). Und deshalb können wir sicher sein, daß sie den, dem sie keinen Funken Liebe schenkten, auch nicht voll und ganz erkannten. Hätten sie nämlich eine volle Erkenntnis gehabt, dann hätten sie auch seine Güte erkannt, die ihn für ihre Erlösung im Fleisch geboren werden und sterben ließ.

E. Von der Liebe, die mit der Demut zusammengeht

Vernimm auch weiter, was ihnen über Gott kundgetan wurde: *Seine ewige Kraft*, heißt es, *und seine Gottheit* (Röm 1,20). Daran siehst du nämlich, daß sie das, was in Gott erhaben, was in Gott majestätisch ist, nur in eigener Anmaßung, nicht aber im Geist Gottes erforschten. Was nämlich in *Gott milde und demütig von Herzen* ist (Mt 11,29), das blieb ihnen verschlossen. Kein Wunder, auch ihr Haupt, *der Behemoth, hat kein Auge* für das Geringe, sondern nur für *all das, was erhaben ist* (Ijob 40,15; 41,26). *David* aber *wandelte nicht im Bereich des Großen und Wunderbaren über sich selbst hinaus* (Ps 130,1), damit *er* nicht *als Erforscher der Majestät von der Glorie erdrückt werde* (Spr 25,27).
So sollt auch ihr immer an das denken, was der Weise mahnt: *Erstrebe nichts, was höher ist, als du selbst; ergründe nichts, was über deine Kräfte geht* (Sir 3,22). *Wandelt also* auf diesen Wegen *im Geist* (Gal 5,16) und nicht im eigenen Fürwitz. Die Weisheit des Geistes stachelt nicht die Neugier an, sondern entzündet die Lie-

be. Deshalb auch vertraut sich die Braut, die *den sucht, den ihre Seele liebt* (Hld 3,1), nicht ihren Sinneskräften an und verläßt sich auch nicht auf das eitle Denken ihrer menschlichen Neugier.
Sie verlangt den Kuß; das heißt: Sie ruft den Heiligen Geist an. Von ihm nämlich erhält sie beides zugleich: den Wohlgeschmack des Wissens und das Salz der Gnade. Ein Wissen aber, das im Kuß geschenkt wird, wird in Liebe empfangen; denn der Kuß ist das Zeichen der Liebe. *Ein Wissen* aber, das *aufbläht* (1 Kor 8,1), stammt nicht vom Kuß; denn es ist ohne Liebe.

F. Vom Offenbarwerden des Kusses zwischen dem Vater und dem Sohn

So ergießt der Vater, wenn er den Sohn küßt, in ganzer Fülle das Geheimnis seiner Gottheit und haucht den Wohlgeschmack der Liebe ein. Das will das Wort der Schrift besagen: *Ein Tag schüttet sich aus hin zum anderen Tag* (Ps 18,3).
Keinem Geschöpf ist es gegeben, wie schon gesagt wurde, dieser immerwährenden und einzigartigen glücklichen Umarmung beizuwohnen; dies gebührt nur dem Geist von beidem, der Zeuge und Wissender in diesem gegenseitigen Erkennen und Lieben ist: *Wer nur hat das Innere Gottes erkannt? Wer nur war sein Berater?* (Röm 11,34).
Aber hier kann mir jemand vorhalten: »Von woher aber wurde dir das kundgetan, was nach deinen eigenen Worten keinem Geschöpf anvertraut wurde?«
Es ist *der Eingeborene, der im Schoß des Vaters ruht, er selbst hat es* uns *verkündet* (Joh 1,18). *Verkündet*, sage ich, nicht mir Armseligen und Unwürdigen, sondern natürlich dem Johannes, dem *Freund des Bräutigams* (Joh 3,29), dessen Worte es sind; und auch dem anderen Johannes, dem Evangelisten, dem *Jünger* nämlich, *den Jesus liebte* (Joh 13,23). *Seine Seele* nämlich *war Gott wohlgefällig* (Weish 4,14), würdig des Namens und der Gabe der Brautschaft, würdig der Umarmungen des Bräutigams, würdig sogar, an der *Brust des Herrn* zu *ruhen* (Joh 13,25). Im Schoße des

Eingeborenen erhielt Johannes das, was dieser im Schoße des Vaters empfing.
Aber es war nicht er für sich allein, sondern es waren alle jene, denen der gleiche *Engel des großen Ratschlusses* (Jes 9,6) verkündete: *Ich nenne euch Freunde, denn alles, was ich vom Vater vernahm, machte ich euch kund* (Joh 15,15). Von ihm empfing es auch Paulus; denn *sein Evangelium stammt nicht von einem Menschen; er erhielt es auch nicht über einen Menschen, sondern durch die Offenbarung Jesu Christi* (Gal 1,11 f.).
So können also diese alle in Freude und Wahrheit sagen: *Der Eingeborene, der im Schoß des Vaters war, er selbst hat es* uns *erzählt* (Joh 1,18).
Und dieses Erzählen, was ist es anders als ein Kuß?
Aber ein Kuß vom Kuß und nicht unmittelbar vom Mund.

G. Von dem einen Kuß, dem einen Geist

Höre nun zu, wie der Kuß vom Mund beschrieben wird: *Ich und der Vater sind eins* (Joh 10,30), oder *ich bin im Vater und der Vater ist in mir* (Joh 14,10).
Das ist der Kuß von Mund zu Mund; und niemand von uns maße sich ihn an. Es ist ein Kuß der Liebe und des Friedens; diese Liebe aber *überragt alles Verständnis* (Eph 3,19) und *dieser Friede ist jenseits aller Einsicht* (Phil 4,7).
Was aber *kein Auge sah und kein Ohr hörte, was in keines Menschen Herz gelangte* (1 Kor 2,9–10), das hat Gott dem Paulus kundgetan durch seinen Geist; das bedeutet: durch den Kuß seines Mundes.
Das *Sein des Sohnes im Vater* und *des Vaters im Sohn* (Joh 14,10) ist also der Kuß des Mundes. Es heißt aber auch: *Nicht den Geist der Welt haben wir empfangen, sondern den Geist, der aus Gott ist, damit wir erkennen, was uns von Gott geschenkt wurde* (1 Kor 2,12); dies fürwahr ist der Kuß vom Kuß.

H. Von der Fülle der Gotteserfahrung

Doch wir müssen noch deutlicher unterscheiden: Wer die Fülle selbst empfängt, der erhält den Kuß vom Mund. Wer aber *von der Fülle* (Joh 1,16) empfängt, erhält den Kuß vom Kuß.
Paulus ist fürwahr groß; aber er mag seinen Mund so hoch darbieten, wie er will, selbst *bis in den dritten Himmel hinein* (2 Kor 12,2) –, er bleibt doch notwendigerweise unterhalb des Mundes des Allerhöchsten; er bleibt im Bereich der eigenen, geschöpflichen Möglichkeiten. Und da es ihm niemals gegeben sein wird, das Antlitz der Glorie selbst zu erreichen, deshalb bittet er in Demut, daß sie zu ihm herabsteige und ihm von oben her den Kuß schenke.
Der aber, der *sein Gott-gleich-Sein nicht als Raub* (Phil 2,6) betrachtete, und der deshalb zu sagen wagte: *Ich und der Vater sind eins* (Joh 10,30), weil er von gleich zu gleich mit ihm verbunden ist und ihn umarmt, er bettelt nicht von einem niedrigen Standort her um den Kuß, sondern er vereint Mund mit Mund in der gleichen erhabenen Höhe, und er erhält den Kuß von seinem Mund in einzigartiger Würde.
Für Christus also bedeutet der Kuß Fülle; für Paulus aber Teilhabe daran. Und so rühmt sich jener, vom Munde geküßt zu werden, während dieser das Gleiche vom Kuß erfährt.

I. Von unserer, der Menschen Erfahrung

So ist glücklich zu preisen der Kuß, in dem nicht nur Gott anerkannt, sondern der Vater geliebt wird. Voll erkannt wird er ja nur, wenn er vollkommen geliebt wird. Spürt ihr nicht von innen her manchmal, daß *der Geist* des Sohnes in euch *ruft: Abba Vater* (Gal 4,6)? Hier hat euer Inneres die Kühnheit, von der väterlichen Güte sich geliebt zu wissen; denn es erfährt die Zuneigung des gleichen Geistes, der auch den Sohn beseelt. Vertraue, wer immer du auch bist, vertraue, *halte dich nicht zögernd zurück* (Jak 1,6). Im Geiste des Sohnes wisse: Du bist Tochter des Vaters, du bist Braut oder Schwester des Sohnes.

Mit den beiden letzten Worten benennt nämlich die Schrift den, der dies erfährt, wie leicht zu zeigen ist; es kostet mich nicht viel Mühe.

So klingt doch die Stimme des Bräutigams hinüber zu ihr: *Komm in meinen Garten, meine Schwester, meine Braut* (Hld 5,1). Sie ist Schwester, weil sie von dem einen Vater herkommt; sie ist Braut, weil sie in dem einen Geist lebt. Wenn schon die leibliche Hochzeit die *zwei zu einem Fleisch werden läßt* (Gen 2,24; 1 Kor 6,16), dann verbindet doch das Band geistlicher Brautschaft die beiden noch enger *zu einem Geist*. Es heißt doch: *Wer dem Herrn anhängt, ist ein Geist* (1 Kor 6,17).

Aber vernimm auch, wie es vom Vater heißt. Er steigt liebevoll zu ihr herab und nennt sie Tochter; zugleich führt er sie als Schwiegertochter in die liebende Umarmung des Sohnes: *Höre, Tochter, schau und öffne dein Ohr und vergiß dein Stammesvolk und das Haus deines Vaters; denn der König verlangt nach deiner Schönheit* (Ps 44,11–12).

Seht nun, er ist es, von dem die Braut den Kuß erfleht. O heilige Seele, habe Ehrfurcht, *denn er ist dein Herr und Gott*. Er sei, wenn auch nicht geküßt, so doch *angebetet* (Ps 94,6–7) mit dem Vater und dem Heiligen Geist von Ewigkeit zu Ewigkeit. Amen.

V. Erfahrung des Lebens

Die zweite Predigt Meister Eckharts über Maria und Marta von Betanien

---

Einführung und Lesehinweise

Wo über Mystiker gesprochen wird, fällt der Name von *Meister Eckhart*. Oftmals wird er als tiefsinniger Meister gezeichnet, den selbst seine Schüler nicht verstehen und den die offizielle Kirche verkennt und verurteilt, der aus letzten Urgründen herkommt und raunend von Erfahrungen kündet, die nur Spitzen-Menschen geschenkt werden und die alle konfessionelle oder christliche Enge sprengen.

Wenn das Mystik ist, war der historische Eckhart kein Mystiker – darüber sind sich seine Kenner einig. Aber *in einem wichtigeren und richtigeren Sinn war Eckhart Mystiker*: als Christ, der seinen Glauben ernst nimmt und aus ihm lebt. Meister Eckhart war hoher Oberer des jungen Dominikanerordens; und so war sein Leben ausgefüllt mit Reisen, Gesprächen, Planen, Anordnungen usw. Sein »Meister«-Titel meint historisch schlichthin: Professor der Theologie in Paris und Köln. Der »Meister« war einer der erfolgreichsten Gelehrten seiner Zeit. Dazu war er Prediger und Seelsorger. Seine geniale Beherrschung der deutschen Sprache läßt ihn zur Wegmarke innerhalb der Sprachgeschichte werden.

Mystiker aber war er, weil er sich theologisch und christlich bemühte, *die Erfahrungstiefe des Glaubens* aufzuzeigen, zu formulieren und weiterzugeben. Auf eigene Erfahrungen beruft er sich niemals. Doch der Glaube und die Theologie waren ihm Lebensvollzug und nicht kalte Wissenschaft. So also: als Theologe, der

sein Leben ausspricht, und als Christ, der seinen Glauben von innen her realisiert, war Meister Eckhart ein Mystiker. Wer ihn (und nicht ein Zerrbild von ihm) verstehen möchte, muß zuerst sein theologisches Denken verstehen. Zum Glück liegen die wichtigsten seiner lateinisch-gelehrten Schriften in vorzüglicher Ausgabe vor. Dort gibt Eckhart Rechenschaft über seinen systematischen Glaubensentwurf. Keinen »mystischen« Satz in seinen deutschen Schriften gibt es, der nicht seinen klar umrissenen Platz in der theologischen Systematik hat.
Von dort her werden auch die deutschen Schriften durchsichtig, die das Sprachgenie eines Dichters beweisen; die zeigen, daß Eckharts Denken nicht im leeren Raum der Spekulation schwebt, sondern dem Menschen und Christen – auch dem von heute – Lebenshilfe, christlichen Lebensmut, beglückende Glaubensgewißheit schenken will.
Und dann erst sollte man fragen: Weshalb sind diese Predigten so sprechend, so packend, so hineinführend in die Erfahrungstiefe? Die Antwort der Geistesgeschichte ist – vereinfachend gesagt: Meister Eckhart gelang es – dank seiner Sprach- und Denk-Kraft – *die neuplatonische Weltsicht ins Christentum des Mittelalters einzubringen.* Mit dem Wort »Neuplatonismus« wird einer der Höhepunkte menschlicher Selbstbesinnung bezeichnet; Verwandtes hat sich in vielen religiösen Bewegungen niedergeschlagen, wurde aber über Plotinos (203–269, der sich von Platon her verstand) für das Abendland relevant. Im »Neuplatonismus« brach die menschliche Ursehnsucht nach Einheit und Ganzheit durch; und deshalb lassen sich viele Parallelen zu anderen ähnlichen religiösen Bewegungen aufzeigen.
Vorliegende Predigt gilt als ein Höhepunkt im deutschsprachigen Werk Meister Eckharts. Ihr Fragebereich ist leicht auszumachen: *Gotteserfahrung und christliches Leben*; das ist die alte Frage nach Contemplatio und Actio, nach Mystik und Tun des Alltags. Um den genialen Zugriff Meister Eckharts zu verstehen und zu würdigen, muß ein – natürlich nur umrißhaftes – Verständnis seines christlichen Denkens erstellt sein. Dazu dreierlei:
1. *Josef Koch*, der unbestritten beste Kenner Eckharts, faßt Eck-

harts Auffassung von *göttlichem und geschöpflichem Sein* folgendermaßen zusammen:

»Das Sein und alle mit ihm verbundenen Vollkommenheiten (sind) dem Geschöpf nicht nur imputiert ... (das würde nur ein Als-Ob sein), sondern gegeben ... Aber es ist ein fließendes, flüchtiges Sein, von dem man sagen kann, daß das Geschöpf es hat und doch immer neu empfängt, so daß das Geschöpf immer von Gott zehrt und doch immer nach ihm hungert.«

Zwei Mißverständnisse Meister Eckharts sind also zu vermeiden: einmal, als würde er das geschöpfliche Sein als einen *Wirklichkeitsklotz* einschätzen, der in sich Bestand habe und dem Gott dies und jenes zuteilen würde, Gnade, Führung, Fähigkeiten usw. Das Geschöpf aber habe, nachdem es einmal ins Sein gesetzt sei, einen Eigenstand neben Gott.
Das andere Mißverständnis aber würde das Geschöpf so von Gott abhängig sein lassen, daß es das Beiwort »seiend« nicht verdiene. Wer die Oberfläche der geschöpflichen Existenz durchstoße, finde in der Tiefe nur ein Sein, Gott selbst; je mehr man den *Schein der Welt* durchschaue, desto mehr verstehe man, daß Welt identisch sei mit Gott.
Gegen beide Mißverständnisse weiß Eckhart, daß die Schöpfung wirkliches, eigenständiges Sein besitzt, daß ihr dies aber total und immer neu von Gott her zufließt. Die geschaffene Wirklichkeit ist ein *ständig aktuelles Herkommen von Gott.* Der Mensch wird ständig neu aus Gott geboren. So ungefähr hat auch der Neuplatonismus die Welt gesehen.
2. Den christlichen Akzent setzt Eckhart, indem er die geschöpfliche Wirklichkeit ebenso total zugleich als *ständig empfangend* auffaßt. Diese Identität von Herkommen und Empfangen ist für unser heutiges Denken nicht leicht nachzuvollziehen; und sie widerspricht auch der rechnerischen Logik: Wie kann der Seinsstrom ganz von Gott herkommen und genau in der gleichen Wirklichkeit auch Gott gegenüberstehen und von ihm die Gaben empfangen? Aber nur wer dieses Paradox zu verstehen sucht und

dabei den Akzent auf Gottes Seinsmacht legt, wird Eckhart verstehen können.
Das Paradox wird noch gesteigert: Dort, wo das geschöpfliche Sein am unmittelbarsten aus Gott ausströmt, dort ist es auch am stärksten ein empfangendes; dort nämlich wohnt die *Freiheit des Geist-Geschöpfes*. Wo der Mensch am meisten er selbst ist, in seiner freien Entscheidung, ist er auch am engsten mit seinem Ursprung verbunden. Man muß dieses Paradox nur konsequent weiter denken und steht vor den diskrimierten Lehren Eckharts: von dem ungeschaffenen Etwas, was das innerste Wesen des Menschen ausmacht, oder auch von der Gottesgeburt in der Seele.
Diesen innersten Ort des geschaffenen Geistes kann man nur paradox, gleichsam dialektisch umschreiben: Selbständig – und herkommend von Gott; frei – und seinshaft an Gott gebunden; getrennt von – und eins mit Gott. Abschwächungen zeichnen ein falsches Eckhart-Bild: entweder harmlos-scholastisch, wenn nur das Getrenntsein von Gott realisiert wird; oder häretisch-pantheistisch, wenn man nur die Einheit mit Gott sieht.
Nochmals gesteigert wird das Paradox im Denken über *Jesus Christus: Ganz Gott und ganz Mensch*; für die christliche Geistesgeschichte war das Wissen von Jesus der Grund, weshalb man mit Begriffen des neuplatonischen Denkens genuines Christentum darbieten konnte.
3. Das Menschenbild Eckharts ist gestuft: Je tiefer man ins Wesen des Menschen eindringt, desto näher kommt man der beschriebenen paradoxen Seinswirklichkeit: *Aus Gott ausfließen und eben damit frei ihm gegenüberstehend.*
Unsere Predigt korrigiert gegen Schluß »gewisse Leute«, die Tiefe und Oberfläche verwechseln; das echte, kontemplative Sein-bei-Gott spielt sich in der paradoxen Mitte des Menschen ab und geht Hand in Hand mit Leid und Mühe an der Oberfläche des Daseins. Es ist aber eine uralte Versuchung gerade frommer Kreise im Christentum, ein oberflächliches Identitätserleben mit diesem Sein-bei-Gott gleichzusetzen.
Es ist möglich, daß Eckhart diese Predigt gehalten oder geschrie-

ben hat (einige Forscher verstanden sie eher als Traktat denn als Predigt), *um seine eigene kirchlich-orthodoxe Lehre von häretischen Mißdeutungen zu unterscheiden.* Darin liegt ein Teil der Aktualität, die die vorliegende Predigt auch für heute hat.

Die Texte

Eine Predigt über Lukas 10,38–42

Sie zogen zusammen weiter, und er kam in ein Dorf. Eine Frau namens Marta nahm ihn gastlich auf. Sie hatte eine Schwester, die Maria hieß. Maria setzte sich dem Herrn zu Füßen und hörte seinen Worten zu. Marta aber war ganz davon in Anspruch genommen, für ihn zu sorgen. Da kam sie zu ihm und sagte: Herr, kümmert es dich nicht, daß meine Schwester die ganze Arbeit mir überläßt? Sag ihr, sie soll mir helfen! Der Herr antwortete: Marta, Marta, du machst dir viele Sorgen und Mühen. Aber nur eines ist notwendig. Maria hat das Bessere gewählt, das soll ihr nicht genommen werden. – Darüber nun predigt Meister Eckhart.

»Sankt Lukas schreibt im Evangelium, daß unser Herr Jesus in ein kleines Städtlein ging. Dort empfing ihn eine Frau namens Martha. Die hatte eine Schwester namens Maria. Diese saß zu Füßen unseres Herrn und hörte seine Worte. Aber Martha eilte umher und bediente den lieben Christus.«

A. Maria: Überschwang des Anfangs – Marta: Gelassenheit der Reife

Gegen den exegetischen Befund, aber aufgrund seines systematischen Entwurfs beschreibt Eckhart Maria als Anfängerin, die fasziniert ist von Jesus, während Marta als reife Frau auftritt, deren Religiosität diese Anfängerbegeisterung weit hinter sich gelassen hat.

Die zitierten Meister sind scholastische Lehrer, nach denen Gott in seiner Vorsehung bereit ist, dem Menschen all die Gnade zu geben, zu der er sich öffnet. Damit aber wird die Unterscheidung deutlich: Maria lebt noch aus einer Gotteserfahrung im Bereich des »Sinnenhaften«, d. h. des Fühl- und Erfahr-baren. Die Gottverbundenheit der Marta aber ist so tief, daß das Auf-und-Ab der Gefühlswelt ihr Verhältnis zu Gott nicht mehr berührt. Natürlich darf man die Gegenüberstellung von Sinnlich-Geistig nicht am modernen Gebrauch der Worte messen.

»Dreierlei veranlaßte Maria, zu Füßen Christi zu sitzen. Als erstes hatte Gottes Blüte ihre Seele umfangen. Dann aber war da ein unaussprechliches Verlangen: Sie war voll Sehnsucht und wußte nicht wonach; sie wünschte und wußte nicht was. Das dritte aber war die Wonne und das Wohlgefühl, das sie aus den ewigkeitsschweren Worten schöpfte, die aus Christi Mund flossen.
Auch Martha wurde durch dreierlei bewegt, umherzueilen und den lieben Christus zu bedienen. Das eine war die Lebensreife, zu der ihr Seelengrund durch Erfahrung und Übung langer Jahre herangewachsen war; deshalb auch dachte sie, daß gerade ihr das Tätigsein so gut anstünde. Das zweite war eine weise Besonnenheit, womit sie das Tun der Hände zugleich ausrichten konnte auf das Allerhöchste, was Liebe im Sinne hat. Das dritte war die hohe Würde des Gastes.
Die Meister sagen nun, daß Gott bereit sei, einen jeden Menschen geistiger- wie sinnenhafterweise im vollen Maß seines Begehrens zu erfüllen. An den lieben Gottesfreunden kann man den Unterschied ablesen zwischen dem Erfülltsein in geistiger und dem in sinnenhafter Hinsicht. Erfülltsein im sinnenhaften Bereich besagt, daß Gott uns Wonne, Wohlgefühl und eben Identität schenkt. Die Gottesfreunde aber stehen über diesem Verwöhntsein im Bereich des Sinnenhaften, Geistiges Erfülltsein geschieht nämlich in geistiger Weise; geistiges Erfülltsein bedeutet, daß der oberste Wipfel der Seele von keinem Wohlgefühl mehr herabgezogen werden kann, daß er in keinem Wohlgefühl versinkt, daß er souverän darübersteht. Erst dann ist einer geistigerweise er-

füllt, wenn weder Freude noch Leid im Geschöpflichen den obersten Wipfel hinabbeugen können. Mit Geschöpflichkeit aber ist alles, was man erfährt und sieht, und was nicht Gott ist, umschrieben.«

B. Die Erfahrung des Lebens

Nochmals kühner deutet Eckhart die religiöse Reife der Marta. Nicht Glückserleben und Erleuchtung, sondern das Alltagsleben ist Lehrmeister, Kriterium und Vollzug der Gottesbegegnung. Das Tugendleben der Marta besagt eine innigere Einheit mit Gott als die Augenblicksbegeisterung der Maria.

In der Argumentation stützt sich Eckhart wiederum auf die Scholastik. Dort wurde nämlich gefragt: Warum die Tugendlehre von heidnischen Meistern wie Aristoteles hergenommen werden müsse. Die Folgerung Eckharts daraus ist – an damaligen Maßstäben gemessen – überaus kühn: Nicht eine noch so tiefe Erfahrung, sondern der Alltag des Lebens realisiert dasjenige, was dem Menschen letztlich obliegt: ein Leben im Willen Gottes.

»Martha sagt nun: Herr, befiehl ihr, mir zu helfen. Das sagte Martha nicht ablehnend, sondern aus einem liebenden, drängenden Wohlwollen heraus.

Auch wir sollten es auffassen als ein wohlwollendes oder gar scherzhaftes Wort der Liebe. Doch was ist damit gemeint? Gebt acht!

Sie sah, daß Maria bis in den letzten Winkel ihrer Seele mit Wohlgefühl erfüllt war. Martha aber kannte Maria besser als umgekehrt Maria die Martha; denn sie hatte ein langes und gutes Leben hinter sich. Aus dem Leben aber wird das Tiefen-Erkennen geboren. Besser als es Wohlgefühl und Erleuchtung können, erkennt das Leben alles, was man – abgesehen von Gott, wie er in sich ist – in diesem Leben erfahren kann.

Und in gewisser Weise ist dieses Erkennen sogar klarer, als es die Erleuchtung durch das Licht der Ewigkeit zu schenken vermag.

Im Licht der Ewigkeit erkennt man sich in Einheit mit Gott, aber nicht sich selbst, wie man außerhalb dieser Einheit dasteht. Im Lichte dieses Lebens aber erkennt man den Unterschied von Gleich und Ungleich, das bedeutet, von dem Eins-Sein mit und dem Getrennt-Sein von Gott.

Ein Vergleich des Paulus mit heidnischen Meistern kann es zeigen. In seiner Ekstase sah Paulus Gott und sich selbst geistigerweise mit ihm vereint. Aber er unterschied in diesem Licht nicht die einzelnen Tugenden in ihrer genauen, abbildhaften, geschöpflichen Seinsweise; und dies deshalb nicht, weil er diese Tugenden nicht für sich einzeln vollzogen und ausgeübt hatte. Die heidnischen Meister aber gelangten in der lebendigen Praxis der Tugenden zu einer so klaren Unterscheidung, daß sie eine jede davon in geschöpflicher Abbildlichkeit klarer erkannten als Paulus oder irgendein Heiliger es aus ihrer Ekstase in Gott erfahren konnten!

So aber stand es auch um Martha. Deshalb sagte sie: Herr, befiehl ihr, mit zu helfen; damit ist gemeint: Wenn meine Schwester bei dir sitzt und in deiner Wonne schwelgt, dann meint sie zwar, sie könne alles, was sie wolle. Aber laß sie es erproben, ob es wirklich so ist, und befiehl ihr, sich zu erheben und sich von dir zu trennen.

Obgleich sie anders klangen, kamen diese Worte doch nur aus zärtlicher Liebe. Maria war voll von Verlangen; sie sehnte sich und wußte nicht wonach; sie wünschte und wußte nicht was. Und wir vermuten, daß sie, die liebe Maria, vielleicht doch mehr des Wohlgefühls als des geistlichen Nutzens willen da gesessen sei.

Deshalb sprach Martha: Herr, befiehl ihr, aufzustehen. Denn sie fürchtete, daß jene im Wohlgefühl stecken bleibe und nicht weiter voranschreite.«

C. Von Gott mit Namen gerufen

Mit der etwas gewaltsamen Exegese des Rufes: Marta, Marta, beweist Eckhart dennoch einen biblischen Instinkt: Wen Gott mit

Namen ruft, der steht im Buch des Lebens; die Verdoppelung liegt auf der Linie der bisherigen Unterscheidungen.

»Da antwortete ihr Christus und sagte: Martha, Martha, du bist sorgsam, du kümmerst dich um vieles. Eines tut not. Maria hat den besten Teil erwählt, der ihr niemals genommen werden kann. Nicht tadelnd sprach Christus dieses Wort zu Martha; vielmehr antwortete er ihr und schenkte ihr Trost, daß nämlich Maria noch dahin kommen werde, wohin sie, die Martha, es erbete.
Warum sprach Christus: Martha, Martha, und nannte sie zweimal mit Namen?
Bei Isidor ist zu lesen: Abgesehen von der Zeit seines Erdenwandels hat Gott niemals jemanden mit Namen gerufen, der dann doch verloren gegangen wäre. Das ist fraglos richtig. – Offen bleibt, was für die weiteren Überlegungen unwichtig ist, nur die Frage nach denen, die er nicht mit Namen gerufen hat. – Das ›Mit-Namen-Rufen‹ Christi bedeutet sein ewiges Wissen, der ewige, untrügliche, vor der Erschaffung aller Geschöpfe gemachte Eintrag in das Lebensbuch, das da genannt wird: ›Vater-Sohn-Geist‹. Wer dort drinnen aufgezeichnet ist, und wessen Namen Christus mit Worten gerufen hat, von solchen Menschen ging keiner je verloren. Moses ist Zeuge dafür; zu ihm sprach Gott selbst: Ich habe dich an deinem Namen erkannt. Und auch Nathanael, zu dem der liebe Christus sprach: Ich habe dich erkannt, als du unter dem Feigenbaum lagst. Der Feigenbaum bedeutet nämlich Gott, in dem Nathanaels Name von Ewigkeit her eingeschrieben war. Das alles zeigt, daß kein Mensch je verloren ging oder verloren gehen wird, den der liebe Christus aus seinem Wort-Gottes-Sein jemals mit menschlicher Stimme gerufen hat.
Warum aber nannte er Martha zweimal? Er deutete damit an, daß Martha alles das schon besitze, was an zeitlichem und ewigem Gut existiert und einem Geschöpf zu eigen werden kann. Mit dem ersten ›Martha‹ bezeugte er ihre Vollkommenheit an zeitlichen Tätigkeiten; mit dem zweiten ›Martha‹ bezeugte er, daß ihr nichts von dem ermangele, was zur ewigen Seligkeit gehört.«

D. Im Tun des Lebens ganz bei Gott sein

Eckhart beweist dreifach, daß im Tätigsein des Lebens die eigentliche Gottverbundenheit liegt.

1. Wer sein Leben (Mikrokosmos) nach der göttlichen Ordnung (Makrokosmos) führt, lebt schon »dort oben am Horizont«, innerhalb der göttlichen Ordnung, ist Gott aufs innigste verbunden.

Aus pseudo-hermetischen Schriften stammt die Definition des Menschen als ein Wesen, das sich am »Horizont zwischen Zeit und Ewigkeit« befindet.

2. Die Theologie der »Vermittlung« führt tatsächlich in die Konzeption eines Hegel hinein: In der Welt (= Mittel) leben und sie zugleich übersteigend (= vermittelnd) das ist »vernunftmäßiges« (= in der Ordnung Gottes) Wirken.

3. Der zweifache »exegetische Beweis« entspricht dem Unterschied von »geistig« und »sinnlich«, von »Martha« und »Maria«.

»Überwindet die Zeit« bedeutet: nicht erst in der Zeit wirken und dann in der Ewigkeit leben (= bildhaftes Unterschiedensein, Nebeneinander), sondern in der Zeit schon die Ewigkeit (die Ordnung Gottes) wirken und leben.

»Die Tage sind böse« bedeutet: das wahrhafte Leben aus der Ewigkeit braucht die Drangsale der Zeit; ohne letzteres nämlich könne man es allzu leicht mit dem nur »sinnenhaften« Erfahren der göttlichen Freuden verwechseln. Erst die Drangsale der Zeit lassen das wahre »geistige« Licht in seiner Ewigkeitsbedeutung sichtbar werden.

»Deshalb sprach er: Du bist sorgsam, und meinte damit: Du befindest dich bei den Dingen; aber diese befinden sich nicht in dir.

(1) In rechter Sorge nämlich ist derjenige, der innerlich ungehindert in seinem Wirken steht.

Ungehindert, in innerer Freiheit ist der, der all seine Taten in rechter Ordnung nach dem Bild des ewigen Lichts ausübt. Diese Menschen befinden sich bei den Dingen und nicht in den Dingen.

Sie stehen ganz nahe bei ihnen; und besitzen diese doch so, als ob sie selbst sich dort oben am Horizont der Ewigkeit befänden.
(2) ›Ganz nahe‹ sage ich, denn jegliches Geschöpf bedeutet eine Vermittlung.
Vermittlung umschließt zweierlei: Zuerst meint es, daß ich ohne das Geschöpfliche nicht zu Gott gelangen kann. Das ist das Tätigsein und Wirken in der Zeit. Und dies tut der ewigen Seligkeit keinen Abbruch. Tätigkeit ist dort, wo man sich in äußerlicher Weise in den Werken der Tugend übt; Wirken dort, wo man sich aus vernunftgemäßem Bescheidwissen innerlich übt. Zugleich ist mit Vermittlung ein Übersteigen über sich hinaus gemeint.
Warum denn sind wir in die Zeit hineingestellt, wenn nicht deshalb, daß wir durch zeitliches, vernunftgemäßes Wirken Gott näher kommen und ihm ›gleicher‹ werden!
(3) Das will auch Paulus sagen mit den Worten: Überwindet die Zeit, die Tage sind böse.
Die Zeit überwinden bedeutet, daß man ohne Unterlaß in Vernunft aufsteige zu Gott, also nicht in den bildhaften Unterschiedlichkeiten, sondern in vernunftgemäßer, lebensvoller Wahrheit.
Das ›die Tage sind böse‹ ist folgendermaßen zu verstehen: Der Tag ist ein Beweis für die Nacht. Gäbe es keine Nacht, so gäbe es auch keinen Tag; man würde ihn auch nicht so nennen, denn alles wäre ein einziges Licht.
Darauf also zielt Paulus ab: Ein erleuchtetes Leben, das noch von keiner Finsternis berührt worden wäre, ist so gering, daß es einem erhabenen Geist die ewige Seligkeit verschleiern und verschatten würde.
Das aber meinte auch Christus, als er sagte: Geht, solange ihr das Licht habt! Denn wer im Licht wirkt, der geht hinan zu Gott, frei und losgelöst von allen Mitteln. Sein Licht ist sein Wirken und sein Wirken ist sein Licht.«

E. Zugleich eins und getrennt

Eckhart benutzt die logisch widersprüchliche Identifikation von Eins und Zwei, um sein Menschenbild zu zeichnen. Im Vollzug des Lebens ist Marta zugleich eins mit Gott, weil ganz in seiner Ordnung lebend, und getrennt von Gott, weil nur über die »Mittel« der Schöpfung Gott erreichend.

»So aber stand es um die liebe Martha. Deshalb sagte er zu ihr: Eines ist notwendig, nicht zwei.
Ich und Du aber, in einem Augenblick umfangen vom ewigen Licht – das ist eines und zwei zugleich. Es ist eines als der brennende Geist, der sich jenseits von den Dingen – wenn auch noch unterhalb Gottes – am Horizont der Ewigkeit befindet.
Es ist zwei, weil er Gott nicht ohne Vermittlung sieht. Sein Erkennen und sein Wesen, anders gesagt: der Erkenntnisvollzug und sein Erkenntnisbild werden niemals zur vollen Einheit. Sie schauen also Gott nicht in dem vollen Sinn des geistigen Sehens, wo alle Erkenntnisbilder wegfallen. Eines wird zwei; zwei ist dort eines; Licht und Geist; im Horizont des ewigen Lichtes sind diese beiden eines.«

F. Die drei Weisen der Gotteserfahrung

Der erste Weg zu Gott, die erste Art der Gotteserfahrung ist die bisher beschriebene der Marta: Im irdischen Wirken ganz bei Gott sein. Die ignatianische Maxime: »Gott in allen Dingen suchen und finden«, ist von Eckhart – wenn auch im neuplatonischen Sprachspiel – vorweggenommen.
Der zweite Weg ist die Ekstase. Damit ist mehr als die noch im »Sinnlichen« verwurzelte Ergriffenheit der Maria gemeint; aber es ist eine unvollkommene Erfahrung, weil der Mensch nicht mehr sich selbst gehört: noch diesseits des »Horizonts« steht, aber in der Erfahrung sich schon jenseits davon befindet.
Der dritte Weg wird als die Erfahrung Jesus definiert: identisch

mit Gott, und zugleich Mensch wie wir. Die beiden Bereiche diesseits und jenseits des Horizonts sind eins geworden, obgleich sie zwei bleiben. Das Paradox: ganz von Gott her sein und doch vor Gott stehen und ihn anschauen, ist im christologischen Dogma absolut gesetzt worden: Ganz Gott sein und zugleich frei als Mensch vor Gott stehen.

Ein Geschöpf, das in die Tiefe der Gotteserfahrung eintreten will, muß aber den Weg Jesu gehen, der zugleich Weg, Wahrheit und Leben ist.

Eckhart zeigt, daß seine Mystik eine christologische und – wie er durch den Dreiklang Gott-Wort-Geist zeigt – eine trinitarische ist.

»Nun hört, was der Horizont der Ewigkeit ist.

Die Seele hat drei Wege zu Gott.

Der eine ist: In der Vielfalt des Wirkens, mit brennender Liebe Gott in allen Geschöpfen suchen. Das hatte König Salomon im Sinn, als er sprach: In allen Dingen habe ich Ruhe gesucht.

Der andere Weg ist ein Weg ohne Weg, frei und doch gebunden; ohne Bilder und ohne Wollen wird man über sich und alle Dinge hinaus erhoben und entrückt; doch auch hier ist noch nicht der Wesens-Zustand erreicht. Christus meinte diesen Weg, als er sagte: Selig bist du, Peter! Fleisch und Blut haben dir dieses Licht nicht geschenkt, sondern es ist ein ›Erhoben-sein-in-die-Vernunft‹, aus dem heraus du mich ›Gott‹ nennst; mein himmlischer Vater hat es dir geoffenbart.

Aber auch Sankt Peter hat Gott nicht unverhüllt geschaut; zwar war er in der Kraft des himmlischen Vaters entrückt über alle geschaffene Vernunft hinaus an den Horizont der Ewigkeit. Und ich behaupte, daß er in seinem hinaufstarrenden Geist vom himmlischen Vater – von dessen zugleich liebevollem Umfangen wie stürmischem Hinaufreißen – über sein Wissen hinaus ergriffen wurde; und so ward er entrückt über alle eigene Vernunftkraft in die unendlichen Möglichkeiten des himmlischen Vaters hinein. Dort wurde dem Sankt Petrus von oben her die Inspiration geschenkt in einem wohlklingenden, geschaffenen Ton, aber frei von sinnlichem Wohlgeschmack in

der einfältigen Wahrheit der Einheit des Gott-Menschen, in der Person des himmlischen Vater-Sohnes.
Ich wage zu sagen: Hätte Sankt Peter damals Gott ohne Vermittlung in seiner eigenen Natur gesehen, wie es ihm und auch Paulus später geschah, da diese in den dritten Himmel entrissen wurden, dann wäre ihm selbst das Sprechen der Engel als etwas grob Sinnliches erschienen. So aber redete er verschiedene wohlklingende Worte, die der liebe Jesus aber gar nicht notwendig hatte: denn er schaute in des Herzens und des Geistes Grund; da er ohne Vermittlung vor Gott stand in der Freiheit wahrer Gemeinsamkeit mit Gott.
Diesen Zustand aber meinte auch St. Paulus, als er sagte: Ein Mensch wurde hinaufgerissen in Gott hinein und hörte verborgene Worte, die für alle Menschen unaussprechlich sind. Daran läßt sich doch einsehen, daß Sankt Peter noch am Horizont der Ewigkeit stand und nicht mit Gott vereint ihn in dessen eigenem Sein sah.
Der dritte Weg heißt zwar Weg und ist doch schon ein Zuhause: nämlich: Gott schauen ohne Vermittlung in seinem eigenen Sein.
Davon spricht der liebe Christus: Ich bin der Weg und die Wahrheit und das Leben: Ein Christus – eine Person; ein Christus – eins mit dem Vater; ein Christus – eins mit dem Geist. Diese drei – Weg, Wahrheit und Leben – sind nämlich eins, der eine liebe Christus, in dem das alles ist.
Abseits von diesem Weg reichen die Geschöpfe nur bis zum Horizont ihres Seins und bleiben in der Vermittlung. Auf diesem Weg aber, geleitet von Gottes Wort und umfangen von beider (nämlich: Gott = Vater; Wort = Jesus) Liebe und Geist (also der dritte) – das übersteigt alles, was man ›worten‹, mit Worten ausdrükken kann.
Vernehmt das Wunder doch! Zugleich draußen und drinnen stehen, greifend und umgriffen, schauend und selbst das Angeschaute seiend, haltend und gehalten werden. Das ist das Endgültige, wo der Geist in Ruhe verharrt, eins geworden mit der lieben Ewigkeit.«

G. Das Wirken in der Zeit

Nun formuliert Eckhart das Ergebnis seiner Predigt: Das Wirken in der Zeit, wie es Marta tat, ist gleichwertig dem Sein bei Gott. Mit den Worten des Vorgehenden kann man sagen: Für uns Menschen ist der erste Weg dem dritten gleichwertig. Der Schlüssel zum Verständnis ist wiederum die Christologie: Jesu Sein in Gott war sein Wirken in der Zeit.
Die Pünktchen deuten an, daß der Text verderbt ist. Vielleicht ist er auch an anderen Stellen in falscher Gestalt überliefert worden.
Die Erwähnung der Wüstenerfahrung Marias von Magdala zeigt, daß Eckhart nicht nur den Bibeltext, sondern die Legende der Büßerin (nach *Jacobus a Voragine*) ausdeutet. Von dort her wird der Gedankengang und auch die Gewaltsamkeit der Exegese schlüssig. Die Sünderin, die Jesu Füße wusch, wurde mit der Schwester des Lazarus identifiziert. So galt das Sitzen vor Jesu Füßen in Lk 10 gleichsam als erste Frucht ihrer Bekehrung. Während des Abendmahls zeigt sie ihre Bußgesinnung noch einmal in der erneuten Fußwaschung (nach Johannes). Ihr begegnet der Auferstandene als erster. Sie begleitet darauf einen der 72 Jünger auf dessen Predigtreisen. Mit Sankt Maximin wird sie auf ein Schiff ohne Steuer gesetzt, treibt aber bei Marseille ans Ufer. Dort predigt sie selbständig und bekehrt wunderbarerweise den Landesfürsten. Dann erst zieht sie sich in die Wildnis zurück und darf dort Gott erfahren.
Von letzterem spricht Meister Eckhart und setzt diese hohe Gotteserfahrung (nicht die anfängerhafte, von der Lk 10 handelt) gleich dem Tun der Marta!

»Wir kehren zurück zum Gang unserer Ausführungen.
Martha – und mit ihr alle Gottesfreunde – stand zwar bei der Sorge, aber nicht in der Sorge. So aber ist zeitliches Wirken ebenso adelig wie jegliches ›Sich-in-Gott-Befinden‹.
Denn es fügt uns ebenso tief in Gott hinein, wie das Höchste, was

uns – abgesehen von der Schau Gottes in seiner eigenen unverhüllten Natur – geschehen kann.
Deshalb sagt Christus: Du stehst bei den Dingen und bei der Sorge, und wollte damit sagen: daß sie sich zwar mit den niederen Fähigkeiten der Betrübnis und der Kümmernis der Dinge aussetze; denn sie war nicht mit geistlichem Trost verwöhnt. Aber sie stand bei den Dingen und nicht in den Dingen. Sie stand außerhalb ...
Dreierlei muß unserem Wirken zu eigen sein: man muß nämlich ordnungsgemäß, einsichtsvoll und besonnen wirken.
›Ordnungsgemäß‹ ist das Wirken, wenn es in ständiger Beziehung zum Eigentlichen steht. ›Einsichtsvoll‹ ist es, wenn es sich danach richtet, was im Augenblick zu tun ist. ›Besonnen‹ ist es, wenn einer bei diesem guten Wirken die lebendige Wahrheit in beglükkender Gegenwärtigkeit erfährt.
Diese Drei fügen einen ebenso tief in Gott hinein und sind ebenso nützlich, wie all das Wohlbehagen, das Maria Magdalena in der Wüste erfuhr.«

H. Das eine Notwendige

Nochmals unterstreicht Meister Eckhart: Jede menschliche Gotteserfahrung ist vermittelt, bleibt also trotz allem Hochschauen unterhalb des Horizonts der Ewigkeit begründet.
Aber das verhindert nicht, daß dieser Mensch ganz und gar in dem »Einen Notwendigen: das ist Gott« verwurzelt bleibt. Dies zu zeigen war das theoretische Ziel der Predigt.
Man darf sich wiederum an Ignatius von Loyola mit seiner Leit-Idee von der stets größeren Ehre Gottes erinnern.

»Christus also spricht: Du bist bekümmert um vieles, nicht um eines.
Das bedeutet: Eine Seele mag ganz und gar einfältig dastehen, ohne alle Tätigkeit, einzig auf den Horizont der Ewigkeit hinge-

richtet; aber dennoch ist sie begrenzt, da sie durch etwas vermittelt wird; sie kann nicht dort oben bleiben in Freude. Auch ein solcher Mensch steht in Sorge und Betrübnis. Aber Martha stand da in gereifter, wohlgefestigter Tugend und in freiem Gemüt, ungehindert von allen Dingen. Deshalb wollte sie, daß ihre Schwester in das gleiche versetzt würde; denn sie sah, daß jene noch nicht wesentlich da stand.
Es war also ein überaus lobenswerter Grund, aus dem sie wollte, daß jene in alledem stände, was zur ewigen Seligkeit gehörte.
Und dazu sagt Christus: Eines ist notwendig. Was ist dies? Das ist das eine; das ist Gott; das ist notwendig für alle Geschöpfe.
Wenn Gott das Seine zurückzöge, dann würden doch alle Geschöpfe zu Nichts. Wenn Gott das Seine aus der Seele Christi zurückzöge, dort, wo ihr Geist mit der ewigen Person vereint ist, dann wäre Christus nur ein reines Geschöpf. Man bedarf also des einen recht wohl!
Martha aber fürchtete, daß ihre Schwester in Freude und Wohlgefühl hängen bleibe; und sie wollte, daß ihre Schwester würde wie sie. Dazu nun äußerte sich Christus, als ob er sagen wollte: Sei beruhigt, Martha, auch sie hat den besten Teil erwählt. Dies hier wird sie verlieren. Das Höchste aber, was einem Geschöpf geschehen kann, das wird auch ihr zuteil werden; sie soll selig werden wie du.«

I. Die Gottesgeburt in der Seele

Die drei Stufen des Willens, die natürlich kein »Nacheinander« bedeuten, entsprechen dem Hören (sinnenhaft), dem Tun (vernunfterhellt) und dem Sein (Gottesgeburt in der Seele).
Die Gottesgeburt in der Seele, auf die Eckhart zu sprechen kommt, bringt wiederum das Paradox der Eckhartschen Seinsauffassung: Dort, wo der Mensch sein freiestes, willentliches Ja zu Gott spricht, dort ist Gott selbst dem Menschen am engsten verbunden, dort »spricht der Vater sein ewiges Wort in die Seele hinein«.

»Nun vernehmt die Lehre über die Tugenden.
Tugendhaftes Leben kann sich dreifach auf den Willen beziehen. Grundlegend ist, daß man den Willen aufgibt in Gott hinein; es ist unerläßlich, daß man dasjenige tut, was man von dort her erkennt, sei es im Vermeiden, sei es im Tun von etwas. Es gibt nun dreierlei Wille.
Der eine ist der sinnenhafte, der andere der vernunfterhellte, der dritte aber der ewige. Der sinnenhafte will belehrt werden; man soll auf wahrhafte Lehrer hören.
Der vernunfterhellte Wille besteht darin, daß man dem Wirken Jesu Christi und der Heiligen nachfolge; das bedeutet, daß man in Gelassenheit Wort, Wandel und Wirken völlig auf ihn hinordne.
Und wenn dies alles getan ist, dann senkt Gott ein Neues in den Grund der Seele, nämlich einen ewigen Willen geformt vom liebevollen Gebieten des Heiligen Geistes.
Und dann spricht die Seele: Herr, schenke mir das Wort, daß dein ewiger Wille geschehe. Wenn sie also dem, wovon wir sprechen, genügt, und es Gott gefällt, dann spricht der Vater sein ewiges Wort in die Seele hinein.«

K. Wahre Vollkommenheit liegt nicht jenseits von Leid und Freude

Drei Folgerungen zieht Meister Eckhart. Nicht der ist vollkommen, nicht der stirbt christlich, der – wie es heute gesagt wird – »sein Standbein schon in der Ewigkeit hat, und sterbend das andere nur nachzieht«, sondern der – wie es Eckhart sagt – »in einfacher Gradheit zu Gott spricht: ›Ich Dir und Du mir!‹«
Nach dem Kreuzestod Jesu kann ein Christ nicht anders denken. Eckhart gibt seine theologische Begründung dazu: Weil sich die Mitte der Vereinigung mit Gott eben nicht an der Oberfläche von Leid und Freude abspielt, sondern dort, wo der Wille Gott anhängt; nicht – wie er zu Beginn sagte – im sinnlichen Bereich der Maria, sondern im geistigen Bereich der Marta.

Dieser Teil hat aktuelle Bezüge: Christus als Schmerz der Welt; Gnade des Martyriums; dunkle Nacht der Gott-Ferne; zugleich zeigt er tiefe Menschlichkeit, in der Eckhart ja sagt zu Freude und Schmerz dieser Welt.

»Nun aber sagen unsere biederen Leute, man müsse so vollkommen werden, daß uns keine Freude mehr bewegen könne und daß man unberührbar sei durch Freude und Leid. Sie haben Unrecht. Ich behaupte nämlich, daß es noch nie einen so großen Heiligen gegeben hat, der nicht dennoch durch Freude und Leid bewegt wurde. Allerdings weiß ich auch, daß es schon in diesem Leben Heiligen geschenkt werden mag, daß sie durch nichts mehr von Gott abgebracht werden können. Das ist etwas anderes.
Ihr glaubt, solange euch Worte noch zu Freude und Leid bewegen können, wäret ihr unvollkommen. Dem ist nicht so. Selbst Christus war dies nicht zu eigen. Das zeigte er, als er sprach: Meine Seele ist traurig bis auf den Tod. Soviel Schmerz drücken diese Worte Christi aus, daß, wenn aller Geschöpfe Leid auf ein einziges Geschöpf konzentriert würde, dies nicht so schlimm wäre, wie es Christus schmerzte. Und das war so wegen des Adels seiner Natur und der heiligen Vereinigung von göttlicher und menschlicher Natur.
Deshalb sage ich: Es gab noch niemals einen Heiligen, und nie wird jemand auch dahin kommen, daß ihm Pein nicht wehe und Freude nicht gut täte. Wohl geschieht es hier und da – bewirkt durch Freude und Liebe und Gnade –, daß ein Mensch, angeklagt als Ketzer oder sonst was, so sehr mit Gnade übergossen wird, daß er ganz gleichmütig bleibt in Freude und Leid.
Ein Heiliger kann zwar dahinkommen, daß ihn nichts mehr von Gott abzubringen vermag. Das Herz kann so gepeinigt werden, als ob der Mensch nicht in Gottes Gnade stände, und dennoch verharrt der Wille in einfacher Geradheit bei Gott und spricht: Herr, ich dir und du mir! Was ihm auch dabei zustößt, das hindert die Seligkeit der Ewigkeit keineswegs; denn es betrifft ja nicht den obersten Wipfel, dort nämlich, wo er mit Gottes allergütigstem Willen vereint ist.«

L. Die wahre Maria

Jetzt zieht Eckhart gleichsam die letzte Folgerung aus der Darlegung. Marta ist schon in der Vollkommenheit; Maria aber muß erst den Weg gehen, den die Legende schildert, um wahrhaft »Maria« zu sein, was nach der Legende interpretiert wird: »Maria heißt das bittere Meer, oder die Erleuchterin, oder die Erleuchtete.« Eckhart also spricht sich keineswegs gegen ein kontemplatives Leben aus, sondern betont: daß dies nur in Lebensreife möglich ist. Kontemplatives Leben darf keine Flucht vor dem Leben in die Ruhe sein, sondern muß das Ergebnis einer tiefen Lebenserfahrung werden.

»Christus also spricht: Um mannigfacher Sorge halber bist du betrübt. Martha stand so im Wesentlichen, daß ihr Tun sie nicht behinderte. Tun und Wirken führten sie zur ewigen Seligkeit. Sie stand noch innerhalb der Vermittlung der Geschöpfe. Aber eine adelige Natur und steter Fleiß und die eben genannten Tugenden waren ihre Führer.

Maria wurde zuerst einmal Martha, ehe sie die reife Maria wurde. Als sie vor den Füßen des Herrn saß, war sie noch nicht die wirkliche Maria; nur dem Namen nach war sie es, aber noch nicht in ihrem Sein. Denn sie saß da noch in Wohlgefühl und Wonne und mußte erst noch in die Schule geschickt werden und das Leben lernen.

Martha aber stand schon wesentlich dort; und so sprach sie: Herr, befiehl ihr aufzustehen; als hätte sie sagen wollen: Herr, ich wünschte, sie säße nicht da wegen des Wohlgefallens; ich wünschte, daß sie das Leben lerne, daß sie es wesenhaft zu eigen hätte. Befiehl ihr aufzustehen, damit sie die Vollkommenheit erreiche.

Jene besaß ihren Namen Maria ja noch gar nicht richtig, als sie zu den Füßen Christi saß. Das erst heißt für mich Maria: ein wohlgeübter Leib, der einer einsichtigen Seele gehorsam ist. Und das ist für mich Gehorsam: wenn der Wille tut, was die Einsicht gebietet.«

M. Wahres Ruhen in Gott ist eine Sache des Willens, nicht der Weltlosigkeit

Die zweite (antihäretische) Folgerung Eckharts ist unmißverständlich. Hier kann kaum noch ein Zweifel herrschen, daß er quietistische Strömungen im Sinn hat. Dagegen stellt er eine ausgesprochene Metaphysik des Willens.

»Und unsere biederen Leute wollen gar so weit kommen, daß das Anwesendsein sinnfälliger Dinge ihnen nichts mehr bedeute. Das gelingt ihnen nicht. Daß ein schmerzverursachendes Getöse meinen Ohren so wohltue wie ein süßes Saitenspiel, das gelingt mir niemals.
Aber dahin muß man kommen, daß nämlich der besonnenere, Gott wohlgefällige Wille sich loslöst von allem natürlichen Wohlgefallen. Das besagt, wenn die Einsicht dahin kommt, dem Willen zu gebieten, sich abzukehren, daß dann der Wille spricht: Ich tue es gerne. Seht: Dann würde auch die Anstrengung Freude bereiten; denn was der Mensch mit großer Anstrengung erringen muß, das wird ihm zur Herzensfreude – und dann erst ist es fruchtbar geworden.«

N. Wahre Gotteserfahrung ist keine Absage an das Tun

Die dritte Folgerung ist die wichtigste; sie ist direkt gegen eine quietistische Mystik gerichtet. Eckhart zeigt, daß für ihn die Interpretation der Legende nur einen Anlaß gibt für den Kern seiner Beweisführung: Der heißt Jesus Christus.
Hier zeigt sich auch, daß es Eckhart gelungen ist, ein vorchristliches Denken ins Christentum zu überführen.

»Gewisse Leute aber wollten so weit kommen, daß sie des Wirkens ledig werden. Ich aber sage: das kann nicht sein. Gerade doch nach dem Zeitpunkt, als die Jünger den Heiligen Geist empfangen hatten, begannen sie, das Werk der Tugenden zu vollbringen.

Die Schrift sagt: Maria saß bei den Füßen des Herrn und hörte seine Worte. Sie lernte also; denn sie ward erst in die Schule genommen und lernte das Leben. Aber danach, als sie gelernt hatte und Christus zum Himmel aufgefahren war und sie den Heiligen Geist empfangen hatte, da erst begann sie zu dienen. Sie fuhr über das Meer und predigte und lehrte und wurde zur Dienerin und Wäscherin für die Jünger. Wenn die Heiligen heilig werden, dann beginnen sie erst, das Werk der Tugenden zu vollbringen; dann erst sammeln sie Schätze für die ewige Seligkeit. Alles, was vorher an Werken verrichtet wurde, gilt nun als Buße für die Schuld und Abgeltung der Strafe.
Für all das aber gibt Christus selbst ein Zeugnis: Von Anfang an nämlich, als Gott Mensch ward und der Mensch Gott, begann er, für unsere Seligkeit zu wirken bis ans Ende des Lebens, als er am Kreuz starb. Und kein Glied war an seinem Leib, das nicht seine eigene Tugend ausgeübt hätte.
Daß wir ihm wahrhaft nachfolgen in der Übung wahrer Tugend, dazu verhelfe uns Gott. Amen.«

VI. Erfahrung der Liebe

Aus dem »Theotimus«, der Abhandlung über die Gottesliebe des Franz von Sales

---

Einführung und Lesehinweise

Der Bischof von Annecy (Genf), *Franz von Sales* (1567–1662) ist *die reifste Persönlichkeit der französischen Barockmystik.* Seine Erfahrung steht mitten in der Seelsorge und der Seelenführung. Zwischen Glaubenskämpfen und Häresieverdächtigungen suchte er zu vermitteln. Alle streitenden Parteien gingen ihn um Hilfe und Rat an.

Zeitgenössische Portraits zeigen einen ausgeglichenen Menschen: ein Leben in Zucht und Maß hat ihn geformt. Die »Seelenfreundschaft« zur heiligen Johanna Franziska von Chantal war in aller Innigkeit klar und entschlossen. Das Charisma des Heiligen lag in der Synthese von Ausstrahlungskraft und Zucht, von Güte und Besonnenheit, von Gnade und Maß. Als Gelehrter wußte er sich auch hier im großen Strom der christlichen Tradition.

Der tiefste Grund seiner Ausgeglichenheit aber war seine *Gottes-Erfahrung.* Schon die zum Volksbuch gewordene »Philothea«, Einführung in das fromme Leben, zeigt den Erfahrenen. Der moderne Leser muß sich allerdings in den blumigen Stil der damaligen Zeit hineinfühlen; es ist nicht mehr das »Schwimmen in den Worten der Schrift« wie bei Augustinus und Bernhard; nicht mehr die kraftvolle Bildersprache Gregors von Nyssa, nicht mehr die spekulative Höhenluft Meister Eckharts. Jetzt spricht der *liebenswürdige Lehrer.* Die Logik seines Traktats kann uns sogar langweilig vorkommen; aber sie ist gesättigt von Weisheit und Erfahrung. Nachdem Franz über »Die Ruhe der Seele« und »Die Liebeswunde« geschrieben und gezeigt hat, daß Mystik »nichts anderes ist als Gebet«, versucht er die »Vereinigung der Seele mit Gott« in sich zu beschreiben. Von dort stammt unser Text.

Einige Lesehilfen sollen auf die Besonderheiten aufmerksam machen.

Zu A: Man beachte die mit »Raptus« und »Ekstase« umschriebenen, psychologisch genau differenzierten Qualitätsunterschiede der Erfahrung.

Zu C: Es gibt wohl keine Mystik, die nicht im »Licht« ihre deutlichste Analogie sieht.

Zu D: Was wir mit »Erfahrung« bezeichnen, ordnet Franz von Sales unter »Einsicht« ein. Die Liebe hingegen gehört dem Willen an und meint das Übersteigen seiner selbst.

Zu G: Wenn man auch nicht mit der Gleichsetzung von »Ekstase des Lebens« und »Leben nach den evangelischen Räten« übereinstimmt, so trifft Franz von Sales dennoch das Richtige: Mystik als Erfahrung des jenseitigen Gottes muß sich auslegen in ein Leben aus diesem Wissen heraus, daß Gott mehr ist als die Welt.

Die Texte

Franz von Sales: Über die Vereinigung der Seele mit Gott

A. Der Raptus, das Hinweggerissen-Werden

Man nennt die Ekstase – zu deutsch: Aus-sich-Heraustreten – auch Raptus – zu deutsch: Hinweg-Gerissen-Werden; denn Gott zieht uns in ihr an sich und reißt uns zu sich empor. Umgekehrt heißt der Raptus Ekstase, weil wir aus uns selbst hinaustreten und gleichsam außerhalb und oberhalb unserer selbst uns mit Gott vereinen. Gott begeistert uns für sich, zieht uns an sich heran; und das ist so wunderbar, erfüllend und beglückend, daß man sich nicht nur erhoben erfährt, sondern spürt, wie man aus sich selbst weggerissen und entrückt wird – so gewaltig sind die göttliche Schönheit und Güte, die den Blick und das Tun des Geistes auf sich hinlenken. Die Seele aber, die in dieser Weise von der göttlichen Begeisterung hinweggerissen wird, geht so restlos und intensiv darin auf, daß sie nicht nur gleichsam emporsteigt und sich erhebt, sondern sich aus sich selbst herauswirft und mitten in die Gottheit hineinstürzt.

Es gibt auch eine finstere Ekstase, ein grundböses Hinweggerissenwerden; es widerfährt der Seele, wenn sie den Verlockungen menschenunwürdiger Gelüste nachgibt und aus ihrer geistigen Würde herausfällt unter sich selbst hinab. Diese finstere Ekstase hat die gleiche Struktur. Man spricht nämlich von »sinnlicher Ekstase«, wenn einer sich freiwillig der Verderbnis bringenden Wollust hingibt und sich aus sich selbst hinaus, d. h. von der geistigen Ebene hinabstürzt. Aus der Perspektive der Lüste und sinnlichen Verlockungen, die die Seele ebenfalls machtvoll anziehen, aber auf die niedrige und verächtliche Ebene hinabreißen, kann man (ähnlich wie aus der Perspektive Gottes) also auch von einem Hinweggerissen-Werden (Raptus) und einem Herausgezogen-Werden aus sich selbst sprechen ...

Bei den heiligen Ekstasen aber, mein lieber Theotimus, muß man drei Formen unterscheiden. Eine der Einsicht, eine andere der Hingabe, und eine dritte des Wirkens. Die erste besteht in der Erleuchtung, die zweite in der inneren Glut, die dritte im Werk. Die eine erwächst aus der Bewunderung, die andere aus der Frömmigkeit, die dritte aus dem Tun.

B. Die erste Weise des Hinweggerissen-Werdens

Bewunderung entsteht in uns, wenn wir einer neuen Wahrheit begegnen, die wir nicht kannten und der zu begegnen wir auch nicht erwartet hatten. Wenn diese Wahrheit, die uns zum erstenmal trifft, zugleich schön und gut ist, dann erwächst daraus eine überaus tiefe Bewunderung. Die Königin von Saba fand in Salomon mehr an wahrer Weisheit, als sie je dachte – und wurde deshalb von Bewunderung erfüllt (1 Kön 10,5). Die Jünger sahen in unserem Heiland ein Wissen, das alle menschliche Erwartung überstieg – und sie wurden zu großer Bewunderung hingerissen (Mt 13,54–56).

Wenn es also der göttlichen Güte gefällt, unserer Einsicht ein außergewöhnliches Licht zu schenken, und uns darin eine unerwartete, erhabene Schau der göttlichen Geheimnisse aufgeht, dann geraten wir in Bewunderung, da wir eine Schönheit über alle Vorstellung hinaus entdecken. Im Bewundern von Dingen, die mitreißen, wird der Geist eng mit dem bewunderten Gegenstand verbunden: die neu entdeckte Schönheit ist doch so überaus wunderbar! und dieses Wunderbare ist doch so überaus neu! Die Einsicht wird nicht müde, auf das zu schauen, was sie noch nie geschaut hat und was so sehenswert ist.

Manchmal schenkt Gott der Seele noch darüber hinaus ein Licht, das nicht nur leuchtet, sondern wie die Morgenröte an Leuchtkraft wächst. Wie der Goldgräber in der fündig gewordenen Mine immer tiefer gräbt, um noch mehr vom heiß ersehnten Metall zu finden, so vergräbt sich die Einsicht immer tiefer in die Betrachtung und Bewunderung des göttlichen Gegenübers.

Bewunderung ist der Ursprung von Philosophie und Naturwissenschaften; Bewunderung ist auch die Ursache der Kontemplation und der mystischen Theologie. Je stärker die Bewunderung wird, desto schärfer wird unser Aufmerken und desto eindeutiger wendet sich unsere Einsicht den himmlischen Dingen zu. Und dann gelingt es der Bewunderung, uns aus uns selbst hinaus – und über uns selbst hinwegzuziehen.

C. Die Licht-Theologie nach Dionysius Areopagita

Gott zieht den Geist an sich, sowohl durch seine erhabene Schönheit wie durch seine unfaßbare Güte. Beide Eigenschaften sind in Wirklichkeit nur das einzige, allerhöchste Gottsein, eben Gott selbst, der zugleich einzigartig schön und ganz und gar gut ist.

Jede Bewegung im Himmel wie auf Erden geschieht doch in der

Anziehungskraft des Guten und des Schönen. In ihrer natürlichen Sinnrichtung sind alle Dinge dorthin gerichtet und werden – durch eine Art Liebe – von dort her bewegt und angezogen. Man kann sagen, daß alles sich nach dem Guten und dem Schönen sehnt, es liebt, es erwünscht; die Bewegungen aller Dinge stehen unter der Anziehungskraft von Gut und Schön, dorthin streben sie, dorthin richtet sich ihr Wirken ...

Es gibt kein besseres Bild für das Gute als das Licht. In ihm fügt sich das, was vorher beziehungslos dalag, zur Einheit; das Licht sammelt gleichsam alles ein und wendet es auf sich selbst zu ...

Licht ist eben nicht nur selbst dichteste Einheit, sondern schenkt auch allem anderen Einheit, indem es dies auf sich hinlenkt; denn alle Dinge streben nach dem Licht als ihrem Ursprung, ihrem Seinsgrund und ihrem letzten Ziel.

Das Gute und das Schöne sind so in der Tiefe identisch – und alle Dinge bewegen sich aus ihrer natürlichen Veranlagung auf das Gute und auf das Schöne zu ...

Die Sonne aber, der Quell allen sichtbaren Lichts, ist das genuine Bild für das Gute und Schöne. Kein körperliches Geschöpf existiert, dessen Güte und Schönheit mit der Sonne vergleichbar ist.

Die Schönheit und Güte der Sonne aber ist schlicht ihr Licht. Ohne Licht gäbe es auf dieser sichtbaren Welt nichts Schönes und nichts Gutes. Weil sie selbst schön ist, deshalb schenkt die Sonne das Licht; weil sie selbst gut ist, deshalb erwärmt und belebt sie alles. Weil sie schön und hell ist, deshalb lenkt die Sonne die Sehkraft aller Augen auf sich; weil sie gut ist und Wärme spendet, deshalb zieht sie alle Antriebe und Neigungen auf sich hin. Düfte und Dämpfe zieht sie an sich, Pflanzen und Tiere erweckt sie zum Leben.

Es gibt kein Wachsen, das nicht aus der Lebenswärme dieses gewaltigen Leuchtkörpers stammt.

D. Das Hinweggerissen-Werden der schauenden Einsicht und das der Liebeshingabe

So also zieht Gott, der Vater allen Lichts (Jak 1,17), der im Vollsinn schön und gut ist, durch seine Schönheit unsere Einsicht an, damit sie ihn schaue, und durch seine Güte unseren Willen, damit er ihn liebe.

Weil er das Schöne selbst ist, erfüllt er unsere Einsicht mit Freuden; weil er das Gute selbst ist, deshalb erfüllt er unseren Willen mit seiner Liebe. Er lädt die Einsicht ein und veranlaßt sie, ihn zu schauen, indem die Liebe uns zur Schau und die Schau uns zur Liebe anregen. Und so hängen Ekstase und Hinweggerissen-Werden ganz und gar von der Liebe ab; denn die Liebe ist es, die die Einsicht zur Schau und den Willen zur Einigung führt.

So ergibt sich schlußendlich mit dem großen heiligen Dionysius, daß »die göttliche Liebe ekstatisch ist; denn sie beläßt die Liebenden nicht in sich selbst, sondern reißt sie hinein in den geliebten Gegenstand«.

Der bewunderungswürdige Apostel, der heilige Paulus, der doch diese göttliche Liebe besaß und an ihrer ekstatischen Kraft teilhatte, rief deshalb vom Geist inspiriert: »Nicht mehr ich lebe, sondern Christus lebt in mir« (Gal 2,20). Als wahrhaft Liebender war er aus sich heraus- und in Gott hineingeeilt; er lebte nicht mehr sein eigenes Leben, sondern das liebenswerteste Leben seines Vielgeliebten.

Dieses Hingerissen-Werden aus Liebe spielt sich im Willen folgendermaßen ab: Gott berührt ihn mit sanften Verlockungen; und wie die Magnetnadel vom Nordpol angezogen sich diesem zuwendet, so erhebt und schwingt sich der Wille zu Gott empor, sobald er von himmlischer Liebe berührt wird. Er läßt all seine irdischen Neigungen hinter sich und tritt in ein Kraftfeld des Hinweggerissen-Werdens ein; es besteht aber nicht in Verstehen, sondern in Freude, nicht in Bewunderung, sondern in Liebe, nicht in Wissen, sondern in Erfahren, nicht in Schauen, sondern in Kosten und Schmecken.

E. Der Vorrang der Ekstase der Liebe

Es ist zwar richtig, was ich schon sagte: Die Einsicht kann in Bewunderung geraten, wenn sie die heilige Freude sieht, die der Wille in seiner Ekstase erfährt; auch der Wille freut sich ja, wenn er das Bewundern des Verstandes sieht. Beide Fähigkeiten teilen sich ihr Hinweggerissen-Werden gegenseitig mit. Der Blick auf die Schönheit läßt uns lieben, und die Liebe läßt uns schauen. So kommt es auch vor, daß man von den Sonnenstrahlen erwärmt, aber nicht erhellt, oder daß man erhellt wird, ohne die Wärme zu spüren. Die Liebe erweckt wie von selbst Bewunderung, und die Bewunderung erweckt ebenso Liebe.

Aber dennoch sind die beiden Ekstasen, die der Einsicht und die des Willens, nicht so eng miteinander verbunden, daß die eine nicht auch ohne die andere geschehen kann. So verstanden die Philosophen den Schöpfer tiefer, als sie ihn liebten; und umgekehrt haben fromme Christen zuweilen mehr Liebe zu Gott als Erkenntnis von ihm. Ein Übermaß von Erkennen hat nicht von selbst schon ein Übermaß von Liebe zur Folge; das Übermaß von Liebe ist auch nicht immer, wie ich anderswo bemerkt habe, von einem Übermaß an Erkennen begleitet.

Doch es ist nicht die Ekstase der Bewunderung, die uns besser macht. So schrieb derjenige, der in Ekstase hinaufgerissen wurde bis zum dritten Himmel: Wenn ich alle Geheimnisse kenne und alle Wissenschaften, und die Liebe nicht habe, bin ich nichts (2 Kor 12,3; 1 Kor 13,2).

Auch der böse Geist bringt es fertig, die Einsichtsfähigkeit aus ihr selbst herauszuheben, zu »ekstasieren«, wenn man so sagen darf, und hinwegzureißen, indem er ihr wunderbare Erleuchtungen schenkt, die sie über die natürlichen Kräfte erheben und dort ruhen lassen. Mittels solcher Erleuchtungen kann er dem Willen eine Art eitler, weicher, süßer, aber unvollkommener Liebe schenken und ihm darin Wohlgefallen, Befriedigung und fühlbaren Trost geben.

Aber die wahre Ekstase des Willens, in der allein der Wille sich in die göttliche Güte hineinwirft, schenkt nur der allerhöchste Geist, durch den die Liebe Gottes in unseren Herzen ausgegossen ist (Röm 5,5).

F. Merkmale des falschen und echten Hinweggerissen-Werdens

Hat man nicht doch, mein Theotimus, in unserer Zeit tatsächlich Menschen gekannt, die glaubten – sie selbst und auch andere mit ihnen –, daß sie oft und oft durch Gottes Kraft zu Ekstasen hingerissen worden wären. Aber zuletzt wurde dann entdeckt, daß es nur dämonische Täuschung und Blendwerk war.

Zur Zeit des heiligen Augustinus versetzte sich ein Priester täglich, so wie er wollte, in Ekstase, indem er traurige und wehmütige Melodien sang oder singen ließ. Das tat er aber nur, um die Neugier derjenigen zu befriedigen, die dieses Spektakel sehen wollten. Es ist schon erstaunlich, daß die Ekstase ihn so sehr überwältigte, daß er das Feuer, mit dem man ihn versengte, erst dann spürte, wenn er wieder zu sich gekommen war (De Civ. Dei 14,24). Nur wie von ferne hörte er, was einer stark und deutlich aussprach; sogar sein Atem setzte in diesem Zustand aus. Auch den Philosophen waren gewisse Arten von natürlicher Ekstase bekannt, die der Geist durch intensive Betrachtungen eindrucksvoller Dinge hervorzurufen vermag.

Deshalb ist es nicht verwunderlich, daß der böse Geist, der als Affe Gottes die Seelen täuscht und den Schwachen Ärgernis gibt, sich in einen Geist des Lichtes (2 Kor 11,14) verwandelt, indem er in Seelen, die in der wahren Frömmigkeit nicht solide genug unterrichtet sind, ein Hinweggerissen-Werden verursacht.

Zur Unterscheidung der göttlichen von den menschlichen und dämonischen Ekstasen haben die Diener Gottes aber genügend Kriterien aufgestellt. Für vorliegenden Zweck genügt es, zwei Merkmale der richtigen und heiligen Ekstase vorzulegen.

Das erste ist, daß die heilige Ekstase sich immer mehr an den Willen als an die Einsicht richtet. Sie bewegt den Willen, erwärmt ihn

und erfüllt ihn mit großer Hinneigung zu Gott. Man kann deshalb mit Fug und Recht sagen, wenn eine Ekstase mehr schön als gut, mehr leuchtend als erwärmend, mehr schauend als liebend ist, dann ist sie im höchsten Maße zweifelhaft und verdächtig.
Damit will ich nicht sagen, daß es nicht auch ein echtes Hinweggerissen-Werden (1 Kor 13,2), wahre Visionen oder prophetische Eingaben ohne Liebe geben kann. Man kann ebenso Liebe haben, ohne in Ekstase zu sein und ohne zu prophezeien, wie man auch hinweggerissen sein und prophezeien kann, ohne Liebe zu haben.
Ich sage nur, daß derjenige, der in seiner Ekstase mehr Klarheit der Einsicht hat, Gott zu bewundern, als Wärme des Willens, ihn zu lieben, auf der Hut sein soll.
Denn es besteht die Gefahr, daß diese Ekstase trügerisch ist und den Geist aufbläht, statt ihn zu erbauen; daß sie ihn zwar wie Saul, Balaam und Kaiphas unter die Propheten einreiht (1 Kön 10,11f.; Num 22; Joh 11,51), aber dennoch unter den Verworfenen beläßt.

G. Die dritte Weise des Hinweggerissen-Werdens

Das zweite Merkmal der echten Ekstasen liegt in ihrer dritten Weise, die wir oben schon berührten: eine nun durch und durch heilige und durch und durch liebenswerte Ekstase, die die beiden vorangehenden krönt. Es ist die Ekstase des Wirkens und des Lebens.
Zwar nicht in der menschlichen Kraft, aber doch im Urverlangen des menschlichen Geistes liegt es, alle Gebote Gottes zu bewahren. Vernunft und natürliches Erkennen sind hierzu veranlagt. Wir befinden uns also keineswegs außerhalb unserer natürlichen Anlagen, wenn wir nach den Geboten Gottes leben.
Über die Gebote Gottes hinaus aber gibt es Impulse Gottes, denen wir nur nachkommen können, wenn Gott uns nicht nur über unsere Kraft, sondern auch über das Verlangen und über die Neigung der Natur hinaushebt. Diese Impulse sind zwar nicht gegen

die menschliche Vernunft; aber sie übersteigen sie und stehen hoch über ihr. Sie zielen nämlich nicht nur auf ein gesittetes, ehrliches und christliches Leben, sondern auf ein übermenschliches, spirituelles, frommes, ekstatisches, d. h. auf ein Leben, das ganz und gar außerhalb und überhalb dessen steht, was unserer Natur entspricht.

Nicht rauben, nicht lügen, nicht Unkeuschheit treiben, zu Gott beten, nicht unnötig schwören, seinen Vater lieben und ehren, nicht töten – all das bedeutet: nach natürlicher, menschlicher Vernunft leben. Aber allen Besitz aufgeben; die Armut lieben, sie als holde Gebieterin achten und anerkennen; Schmach, Verachtung, Erniedrigung, Verfolgung, Leiden, wie Glück und Seligkeit hochschätzen; eine totale Keuschheit bewahren; schließlich mitten in der Welt und doch entgegen den Meinungen und Maximen der Welt leben; im täglichen Verzicht, in Entsagung und Selbstverleugnung gegen den Strom des Lebens schwimmen – das ist nicht mehr ein menschliches, das ist ein übermenschliches Leben. Das heißt, nicht innerhalb des Bereichs unserer Natur leben, sondern außerhalb von uns und über uns hinaus.

Doch weil nur der so über sich hinaussteigen kann, den der himmlische Vater zieht (Joh 6,44), deshalb ist dieses Leben ein ständiges Hinweggerissen-Werden und eine fortwährende Ekstase in Tun und Wirken. Ihr seid gestorben, sagte der große Apostel zu den Kolossern, und euer Leben ist mit Christus in Gott verborgen (Kol 3,3). Totsein heißt, daß die Seele nicht mehr in ihrem Leib und dessen Machtbereich lebt. Was besagt demnach, mein Theotimus, dieses Apostelwort, Ihr seid gestorben? Paulus möchte sagen: Ihr lebt nicht mehr in euch selbst, nicht mehr im Bereich eurer Naturanlage, eure Seele lebt nicht mehr nach ihrem eigenen Gesetz, sondern weit über sich selbst hinaus …

Unser neues Dasein ist die himmlische Liebe, die uns belebt und beseelt. Diese Liebe ist mit Jesus Christus ganz in Gott und in Gottes Wirklichkeit verborgen. Denn so berichten die heiligen Schriften des Evangeliums: Nachdem Jesus sich für kurze Zeit seinen Jüngern gezeigt hatte und zum Himmel emporfuhr, umschloß ihn eine Wolke, die ihn ihren Augen entzog und verbarg. Dieses

Sein-im-Himmel bedeutet für Jesus Christus, daß er ganz in Gott hinein geborgen ist. Jesus aber ist unsere Liebe, und Liebe ist das Leben unserer Seele. Deshalb ist unser Leben mit Jesus Christus in Gott verborgen.
Und wenn Jesus Christus, der unsere Liebe und damit unser geistliches Leben ist, wiederkommen wird am Tag des Gerichts, dann werden auch wir mit ihm in Herrlichkeit erscheinen (Kol 3,4), d. h. Jesus Christus, unsere Liebe, wird uns verherrlichen, indem er uns sein Glück und sein Erstrahlen schenkt.

VII. Erfahrung Jesu

Eine biblische Meditation vom Vorübergang Gottes

Die Schriften des Neuen Testaments bilden den vielfältigen Versuch, das auszusprechen, was Jesus Christus ist und für die Menschen bedeutet. Der Glaube an die Inspiration, also an Gottes Geist, der in diesen Schriften lebt, bedeutet zuerst einmal, daß diese Versuche des Neuen Testaments gültig sind, daß sie also den rechten und – wenn recht begangen – den sicheren Weg zur Begegnung mit Jesus Christus öffnen. Auf diesen Weg möchte die vorliegende Meditation führen. Sie nimmt dabei nur eine einzige, wenn auch wesentliche, Wegspur auf und versucht, eine Fährte sichtbar zu machen.
In der Nachfolge der christlichen Tradition soll die Bibel meditiert werden wie ein Bilder- und Lese-Buch von Gottes Begegnung mit dem Menschen. *E. Lohmeyers* Aufsatz »Und Jesus ging vorüber« und *M. Hengels Buch* »Nachfolge und Charisma« boten das exegetische Material dazu.

A. Gotteserfahrung im Alten Testament

Eine Beziehung zwischen Altem und Neuem Testament ist die von Vorbereitung und Erfüllung. Im Nachdenken darüber kamen die Kirchenväter zur Einsicht in die Inspiration der Bibel. Die moderne Exegese äußert sich dazu widersprechend; aber die Zeugnisse des Neuen Testaments selbst sind eindeutig: So die sogenannten Reflexionszitate Jesu: ›Dies muß geschehen, damit erfüllt werde ...‹ So die paulinische Theologie, die im ersten Satz des Hebräerbriefes zusammengefaßt wird: ›Nachdem Gott vor-

zeiten zu vielen Malen und auf vielerlei Weise zu den Vätern geredet hat durch die Propheten, hat er am Ende dieser Tage zu uns geredet durch den Sohn.‹
Im Alten Testament werden gleichsam die Bilder und die Begriffe erarbeitet und erlebt, mit denen das Jesus-Ereignis im Neuen Testament gezeichnet und beschrieben wird. Eines davon soll meditiert werden.

1. Gott im Vorübergehen erblicken (Ex 33,18–23)

»Da sprach Mose: Laß mich doch deine Herrlichkeit schauen. Er aber antwortete: Ich will all meine Schönheit vor deinem Angesicht vorüberführen; und ich will den Namen des Herrn vor deinem Angesicht ausrufen: Daß ich gnädig bin, wem ich gnädig bin, daß ich mich erbarme, wessen ich mich erbarme. Und er sprach weiter: Mein Angesicht kannst du nicht sehen; denn kein Mensch bleibt am Leben, der mich sieht. Und er sprach: Hier ist Raum neben mir; stell dich auf den Felsen. Wenn nun meine Herrlichkeit vorübergeht, will ich dich in eine Felsenkluft stellen und meine Hand schützend über dich breiten, bis ich vorübergegangen bin. Und wenn ich dann meine Hand weghebe, darfst du meinen Rücken sehen; aber mein Angesicht wird niemand sehen.«

Eine alte Überlieferung, die von den Fachleuten nicht recht in den Quellenstrom eingeordnet werden kann, berichtet von der Begegnung des *Mose* mit Jahwe. Es ist ein Vorübergang und kein Stehenbleiben und Sich-Anschauen. Obgleich der Text vorher ständig davon spricht, daß das »Angesicht Gottes« im weiterziehenden Volk gegenwärtig sein werde, kann der Führer der Israeliten die tiefste Wirklichkeit Gottes nur in Verhüllung, nur im Vorübergang erfahren.
Die Bildhaftigkeit des Textes spricht deutlicher, als Begriffe es können: Das Gedrängtwerden in die Felsenkluft, das Vorüberziehen Jahwes, die schützende Hand über den Augen des Mose, das Nachschauen und Gott-von-hinten-Sehen. Die Proklamation des Namens Gottes erinnert an die Namengebung Gottes aus

dem brennenden Dornbusch: Daß ich dasein werde, wo und wie ich dasein werde.
Es sollte nicht schwer sein, die emotionale Kraft dieser Szene auf sich wirken zu lassen, auch wenn man nicht die Möglichkeit besitzt, das Bild dieser Gottesbegegnung mit der Phantasie nachzuvollziehen. Die anschauliche Schilderung des Vorgangs vermittelt uns die geheimnisvolle Schwere der Aussage.
In der christlichen Tradition wurde diese Szene zu einem Grundsymbol und einem Urvorbild aller Gotteserfahrung. Man kümmerte sich dabei nicht um exegetische Feinheiten, sondern zog die Berichte über Mose auf dem Berg Sinai zu einer einzigen, sinnbildhaften Gotteserfahrung zusammen: Mose tritt ein in die Dunkelheit Gottes, in die »Wolke des Nichtwissens«, in die intimste Vertrautheit mit Gott, die zugleich den Abgrund zwischen Gott und Mensch erfahren läßt. Bei *Gregor von Nyssa* fanden wir diese von *Origenes* stammende Überlieferung. In der »mystischen Theologie« des *Dionysius Areopagita*, die zum Lehrbuch der Gottes-Erfahrung wurde, wird das Bild von Mose, der den Berg hinauf in die »helle Dunkelheit« Gottes steigt, kanonisiert als Vorbild der mystischen Erfahrung. Martin Luther benutzt das Wort von den »posteriora Dei«, vom »Rücken Gottes«, den der Mensch allein sehen darf, zur Charakterisierung seiner Theologie. Das Zitat des »großen heiligen Dionysius« bei Franz von Sales über die ekstatische Liebe, die den Liebenden »hineinreißt in den geliebten Gegenstand«, befindet sich in dem Textzusammenhang, wo der Mensch eintritt in das Geheimnis Gottes, in die »Wolke des Nichtwissens«, in das sehende Nicht-Sehen Gottes.
Kann der Mensch überhaupt anders von der Erfahrung Gottes sprechen als in solchen Bildern?

2. *Gott im Kämpfen begegnen* (Gen 32,25–32)

»Da rang ein Mann mit Jakob, bis das Morgengrauen aufzog. Und er sah, daß er ihn nicht zu überwältigen vermochte; so berührte er sein Hüftgelenk. Und Jakobs Hüftgelenk wurde ver-

renkt, als er mit ihm rang. Und er sprach: Laß mich los, denn das Morgengrauen ist aufgezogen. Aber er antwortete: Ich lasse dich nicht, wenn du mich nicht segnest. Da sprach er zu ihm: Wie heißt du. Er antwortete: Jakob. Da sprach er: Du sollst nicht mehr Jakob heißen, sondern Israel, Gottesstreiter, denn du hast mit Gott und mit Menschen gestritten und hast gesiegt. Und Jakob fragte ihn: Sag doch, wie du heißt! Er aber sprach: Warum fragst du, wie ich heiße? Und er segnete ihn dort. Und Jakob nannte die Stätte Pniel, Angesicht Gottes – denn ich habe Gott von Angesicht zu Angesicht gesehen und bin am Leben geblieben.
Und als er an Pniel (am Angesicht Gottes) vorüberging, ging die Sonne auf.«

Diese dunkle Erzählung stammt aus einer noch älteren Schicht des Alten Testaments als die vorhergehende. Die gleiche Erfahrung vom Vorübergehen Gottes wird berichtet, aber noch geheimnisvoller und noch bildhafter. Es geht um Gottes Angesicht: Pniel. *Jakob* darf es »sehen« in der Dunkelheit vor Morgengrauen, in dem unheimlichen Ringkampf am Flusse Jabbok. Die Identität des Engels mit Gott selbst bleibt verhüllt, der Engel gibt seinen Namen nicht preis. Gott von Angesicht zu Angesicht sehen heißt zur gleichen Zeit: Gottes Dunkelheit erfahren.
Aber Jakob selbst erhält einen neuen Namen. Er wurde Jakob, »Fersenhalter« genannt, weil er schon bei der Geburt seinen Zwillingsbruder um dessen Erstgeburtsrecht betrügen wollte (Gen 25,26). Sein ganzes Leben war eine Kette von Betrügereien. Jetzt wird aus ihm Israel, Gottesstreiter. Namengebung in der Bibel bedeutet das Geschenk eines neuen Wesens, das Schaffen eines neuen Menschen. Jakob ist ein anderer, ist Israel geworden. Und daß dies kein Traum war, zeigt ihm das körperliche Gebrechen, das er aus dem Ringkampf mitnimmt.
Diese Gottesbegegnung aber geschieht im Kämpfen. Marxistische Philosophen, *E. Bloch*, *V. Gardavski*, lesen aus dieser Geschichte des Jakobskampfes eine der großen emanzipatorischen Erfahrungen des biblischen Menschen. Hiob und noch stärker Jesus am Ölberg ringen mit Gott. Gott ist jetzt nicht mehr, wie in

anderen religiösen Erfahrungen, der Übermächtige, der den Menschen wie eine Marionettenpuppe an den Drähten des Schicksals lenkt; Gott ist Partner geworden, der den Menschen zum Eigentun herausfordert und mit dem der Mensch um den Sinn seiner Existenz ringt. Diese Philosophen erkennen darin das großartige Menschenbild des Alten Testaments, daß der Mensch selbständig die Erde menschenwürdig gestalten darf. Macht euch die Erde untertan, heißt es anderswo im Alten Testament.

Gottes Vorübergang hat einen neuen Zug bekommen, den des menschlichen Wirkens und Tuns. Und zugleich bleibt er »Vorübergang«, Dunkelheit, Geheimnis; Gott gibt sein innerstes Wesen nicht preis. Im letzten Satz unseres Berichtes ist dies zusammengefaßt: Und als er an Pniel (Antlitz Gottes!) vorüberging, ging die Sonne auf.

3. Gott im »verschwebenden Schweigen« erfahren
(1 Kön 19,11–13)

»Er sprach:
Heraus,
steh hin auf den Berg vor *Mein* Antlitz!
Da
vorüberfahrend *Er*:
ein Sturmbraus, groß und heftig,
Berge spellend, Felsen malmend,
her vor *Seinem* Antlitz:
Er im Sturme nicht –
und nach dem Sturm ein Beben:
Er im Beben nicht –
und nach dem Beben ein Feuer:
Er im Feuer nicht –,
aber nach dem Feuer
eine Stimme verschwebenden Schweigens.
Es geschah, als Elijahu hörte:
er verhüllte sein Antlitz mit seinem Mantel

und trat hinaus, stand am Einlaß der Höhle.
Da, eine Stimme an ihn,
es sprach:
Was willst du hier Elijahu?«

Martin Buber hat diese Szene in einer kaum zu überbietenden kraftvollen Poesie übersetzt. Auch diese Gotteserfahrung des *Elia* auf Horeb wurde zum Bild, an dem sich die christliche Gotteserfahrung maß. Gott begegnet im Vorüberfahren.
Die Echtheit dieser Szene braucht keine Erläuterung. Man sollte sie wie Poesie meditieren. Aber als ein Gedicht, das voll von Realität und Wirklichkeitserfahrung ist.
Das »Vorübergehen Gottes« bekommt einen weiteren Zug. Gott begegnet nicht in dem Augenblick der gewaltigen Erfahrung, nicht im Sturm, nicht im Erdbeben, nicht im Feuer. Gott begegnet in dem kaum wahrnehmbaren Lufthauch, den Buber mit »verschwebendem Schweigen« übersetzt. Im Grunde ist dies eine deutliche Kritik an dem Suchen nach Gotteserfahrung, das auf ein großes Erlebnis, auf »Die große Erfahrung« aus ist. Begegnung mit Gott ist viel unscheinbarer, viel kleiner, und deshalb wirklicher und richtiger.
Der geheimnisvolle Zug der Gotteserfahrung, der sich im Vorübergehen Gottes dargestellt hat, wird noch einmal verstärkt: Gott im verschwebenden Schweigen des Lufthauches. Nur wer dafür sensibel geworden ist, kann Gott erfahren.
Die gleiche Struktur aller alttestamentlichen Szenen ist offensichtlich. Jedesmal auch kommt der Mensch aus einer großen Enttäuschung. Mose sah den Tanz seines Volkes vor dem Goldenen Kalb; Jakob kam aus der Verbannung; Elias war verzweifelt in die Wüste geflüchtet und wollte sterben. Jedesmal wird der Mensch aus der Gottesbegegnung heraus in einen neuen Auftrag gesandt. Doch auch dieser neue Auftrag garantiert kein Besitzen Gottes, keine sicher gewordene Gotteserfahrung, sondern ist Entscheidung für Gott. Der Mensch bleibt unterwegs. Gott zeigt sich ihm »im Vorübergehen«.
Jede der drei Szenen macht einen spezifischen Zug dieses Vorübergangs sichtbar: das bleibende Verhülltsein von Gottes Ange-

sicht, die freie Partnerschaft des Menschen, der mit Gott sogar um den Sinn seines Lebens ringt, und die leise, kaum bemerkbare Situation, in der Gott sich dem Menschen zeigt.

4. Gottes Herrlichkeit im Augenblick der Zeit (Ez 1,1–28)

»Und es geschah im 30. Jahr, im 4. Monat, am 5. Tag des Monats, als ich unter den Verbannten am Flusse Kebar war, da öffneten sich die Himmel und ich sah göttliche Gesichte. Und es kam über mich die Hand Jahwes. Und als ich hinsah, siehe, da kam ein Sturmwetter von Norden her, eine mächtige Wolke und zuckendes Feuer. Und aus seiner Mitte erschien die Gestalt von vier Lebewesen ... Über den Häuptern der Lebewesen aber war etwas wie eine feste Platte, an Glanz gleich dem Kristall. Und siehe, oberhalb der festen Platte war es anzusehen wie Saphirstein – etwas wie ein Thron; und oben ... war etwas zu sehen, was wie ein Mensch aussah ... Und er war rings von Glanz umgeben. Wie der Bogen aussieht, der am Regentag in den Wolken steht, so sah der Glanz ringsherum aus. Das war der Anblick der Gestalt Jahwes.«

Wo immer auch man das Alte Testament aufschlägt, die Begegnung mit Gott trägt stets die Züge des Vorübergehens, des bleibenden Dunkels in aller Helle, der auf einen Augenblick zusammengeballten Erfahrung, die in Nicht-Erfahrung übergeht. Das biblische Verbot: »Du sollst dir kein Bild machen«, ist Ausdruck und Widerhall dieser Erfahrung von Gott im Vorübergehen. Auch der vorliegende Text der Berufungsvision des Propheten *Ezechiel*, der verkürzt in Rekonstruktion von *W. Zimmerli* wiedergegeben wird, schildert das Erlebnis als ein aufziehendes und vorübergehendes Sturmwetter. Und wahrscheinlich ist der eine Vers des Sturmgewitters der historische Ursprung aller phantastischen Bilder von Ez 1–2.
Es ist lohnend, das Alte Testament auf diese Erfahrungsqualität der Gottesbegegnung durchzulesen. Die Patriarchengeschichten mit der bedeutungsschweren Erfahrung des *Abraham*, als der

Geist Gottes durch die aufgeschichteten Opfergaben hindurchfährt; die Auszugserzählungen aus dem Land Ägypten mit dem sinnreichen Urwort: Pascha, das heißt Vorübergang des Herrn; die Heldengeschichten des *Josua*- und *Richter*-Buches, wo es immer wieder heißt: Wir haben Gott gesehen, wir müssen sterben; die prophetischen Texte, aus denen wir eine Berufungsvision brachten; die Gebete Israels, die alle um den nahen und fernen Gott kreisen.

Das Alte Testament kennt keine Versenkungsmystik; der Mensch ist in ihm niemals der Wassertropfen, der in das Meer der göttlichen Unendlichkeit hineinfällt. *Im Alten Testament kann »Mystik« nur bedeuten: Der Mensch begegnet Gott.* Begegnung aber hat aus sich heraus diese Doppelqualität von Nähe und Ferne. Nur Nähe wäre das Aufheben der zwei Partner in eine bleibende, umfassende Einheit; nur Ferne aber ließe keine Begegnung zustande kommen.

Wenn christliche Mystik eine Berechtigung hat, dann muß sie sich an diesen Erfahrungen des Alten Testaments messen. Diese Erfahrungen aber sind gewaltig genug, um ein Menschenleben zu erfüllen, um den Menschen erleben zu lassen, wie groß und mächtig der Sinn seines Lebens ist, wie göttlich Gott ist.

B. Gotteserfahrung in Jesus

Das Neue Testament möchte in Predigten, Berichten, Briefen, Lehren, Reflexionen, Gebeten und Meditationen aussprechen, wer Jesus ist. Der Eindruck, den dieser *Jesus von Nazaret* auf seine Jünger gemacht hat, wird in einer bunten Sammlung von Schriften niedergelegt, bewahrt und weitergegeben.

Eine biblische Meditation über Jesus kann der Geschichte dieses Bemühens um die Gestalt Jesu nachgehen. Unsere Texte möchten einen Weg zeigen, wie damals und heute bewußt wurde, wer Jesus ist. Es ist wiederum nur eine Seite des bunten Prismas der neutestamentlichen Schriften, in dem sich die Gestalt Jesu für uns bricht.

1. Die Summarien vom Umherziehen Jesu (Mt 4,23)

»Und er zog umher in ganz Galiläa, lehrte in ihren Synagogen, predigte das Evangelium vom Reich und heilte jede Krankheit und jedes Gebrechen im Volk.«

Die ersten drei Evangelisten fügen bei typischen Stellen ihrer Berichte sogenannte »Summarien« ein (auch die Apostelgeschichte hat ähnliche Verse). So beginnt es auch in Mt 9,35: »Und Jesus zog umher durch alle Städte und Dörfer ...« Die Apostelgeschichte (10,28) macht in einer Petruspredigt aus diesem Umherziehen sogar eine Eigenschaft Jesu: »Jesus von Nazaret, wie ihn Gott mit heiligem Geist und mit Kraft gesalbt hat, der umherzog, beginnend von Galiläa ...«
Die Summarien sind zusammenfassende Überschriften. Unser abgekürztes Zitat steht als Einleitung zur Bergpredigt und zu den beiden Wunderkapiteln bei Mattäus. Es soll eine Kurzfassung dessen geliefert werden, was dann in fünf Kapiteln breit entfaltet wird. Die Summarien sind eine These zu dem, was nun folgt.
Was auf den ersten Blick kaum auffällt, läßt bei näherem Hinsehen verwundern. Dieser Jesus von Nazaret wird geschildert als ein Umherziehender. Man muß dazu zweierlei beachten. Einmal wissen wir vom Wanderleben Jesu nur über die Evangelien Bescheid: Jesu Leben war nur ein Vorübergang in der Geschichte. Zum anderen bilden gerade die Summarien das Ergebnis einer verhältnismäßig späten Reflexion auf Jesus. Sie entstanden zu einer Zeit, als es in den Gemeinden lebendiger Glaube war, daß Gott in Jesus sichtbar geworden ist – wie immer man auch über das Verhältnis des Göttlichen und Menschlichen in Jesus denken mochte.
Gott wird sichtbar in diesem Wanderleben Jesu; in diesem recht zufälligen Hin- und Herziehen in Palästina. Ob da noch die Erinnerung an den alttestamentlichen Gott des Vorübergangs lebendig war? Oder ob es nicht sogar eine Kritik bedeutete an dem seßhaft und statisch gewordenen Gott des damaligen Judentums? Oder ob in diesem Wort von »Jesus, der umherzog«, ein-

fach die Erinnerung nachklingt von dem zugleich flüchtigen wie bleibenden Eindruck, den Jesus bei seinen Jüngern hinterließ? Auf jeden Fall zeigen die folgenden Worte der Summarien auf, daß von diesem »umherziehenden« Jesus die heilende, das Reich Gottes begründende Macht des Messias ausging: Er heilte »alle«! Es sollte im Leser und Meditierenden ein lebendiger Eindruck zurückbleiben, dessen ungeklärter Sinn zu tieferem Fragen hinführt.

2. Die Berichte von der Berufung der Jünger (Mk 1,16–20)

»Und als er am galiläischen See entlang ging, sah er Simon und Andreas, den Bruder des Simon, im See das Netz auswerfen; sie waren nämlich Fischer. Und Jesus sprach zu ihnen: Kommt her, folget mir nach, und ich will machen, daß ihr Menschenfischer werdet. Da verließen sie alsbald die Netze und folgten ihm nach.
Als er dann ein wenig weiterging, sah er Jakobus, den Sohn des Zebedäus, und seinen Bruder Johannes ebenfalls im Schiff, wie sie die Netze ausbesserten. Und alsbald rief er sie zu sich. Da ließen sie ihren Vater Zebedäus samt den Tagelöhnern im Schiff und schlossen sich ihm an.«

Die Szenen sind die theologisch-meditative Zusammenfassung einer wechselvollen Geschichte. Vielleicht ist in den wenigen Sätzen alles zusammengeflossen, was vom ersten Kapitel bei Johannes, wo die Jünger sich gegenseitig zu Jesus führen, bis zum einundzwanzigsten Kapitel geschehen ist, wo Jesus die fischenden Jünger am See trifft und wo er von Petrus das Liebesbekenntnis erhält.
Die Erzählkraft des Textes faßt dies alles zusammen und stellt es uns in einer knappen Szene plastisch vor Augen. Es beginnt recht zufällig. Jesus geht am See entlang, wie ohne Absicht. Ein Kapitel weiter, in einer anderen Berufungsgeschichte, heißt es sogar ausdrücklich: »Im Vorübergehen ...«. In diese absichtslose Zufälligkeit hinein fällt das gebieterische Wort der Berufung:

»Kommt, folget mir nach ...« Die Jünger gehorchen bedingungslos.
In der Meditation sollte man diese gegensätzlichen Kräfte auf sich wirken lassen: Das zufällige Zusammentreffen von Jesus und den Fischern. Wenn – so darf man erzählend den Text entfalten – Jesus einen anderen Weg gewählt hätte, wenn er einige Minuten später gekommen wäre, wenn das Wetter den Jüngern einen anderen Arbeitsplan diktiert hätte, wenn ..., dann wären sie sich nicht begegnet, dann wären die Apostel nicht zu Säulen der Kirche geworden, dann nicht ...
Wie von selbst schlägt die waagerechte Erzähler-Ebene um in ein gleichsam senkrechtes Hochblicken zu Gott, der auf den Linien des »Zufalls« seine göttlichen unfehlbaren Absichten verwirklicht. Es ist, als dürfe man direkt in die Pläne Gottes hineinschauen. Was sich vor unseren Augen absichtslos abspielt, ist – in der Begegnung mit Jesus, in der Wirklichkeit Gottes – Fügung für alle Zeit und Ewigkeit; aus dem Treffen auf die Jünger wird der Bau der Kirche. Im Glauben der jungen christlichen Gemeinden – wenn auch nicht in ihrer theologischen Reflexion – war dieses Zusammenfallen von geschichtlicher Zufälligkeit und göttlicher Notwendigkeit bewußt. Daraus nämlich entstand diese erzählende Theologie der Jüngerberufung; in den belanglosen Alltag fällt das gebieterische, von Gott stammende Berufungswort hinein.
Dieses »Zusammenfallen« aber war keine abstrakte Vorstellung, sondern war die lebendige Gestalt Jesu. In seinem zufälligen, belanglosen Wanderleben hat sich Gottes absoluter heilbringender Ratschluß geäußert. Und die äußerste, tragische Zufälligkeit der religiösen und politischen Verhältnisse, denen er zum Opfer fiel, war das von Gott in aller Ewigkeit vorherbestimmte Heilswirken des Kreuzes.
Im »Vorübergang« des Mannes von Nazaret erfuhren die Jünger die Wirklichkeit Gottes.

3. Die Heilung des Blindgeborenen (Joh 9,1–41)

»a) Und im Vorübergehen sah er einen Menschen, der von Geburt an blind war. Und *seine Jünger* fragten ihn, Rabbi, wer hat gesündigt, dieser oder seine Eltern, daß er blind geboren worden ist. Jesus antwortete: Weder dieser hat gesündigt, noch seine Eltern, sondern die Werke Gottes sollen an ihm offenbar werden. Wir müssen die Werke dessen, der mich gesandt hat, wirken ...
b) Als er dies gesagt hatte, spie er auf die Erde und machte einen Teig aus dem Speichel und legte ihm den Teig auf die Augen und sprach zu ihm: Geh hin, wasch dich im Teiche Siloah ... *da ging er hin* und wusch sich und ging sehend weg.
c) *Die Nachbarn nun* ... sagten zu ihm: Wie sind dir die Augen aufgetan worden? Jener antwortete: Der Mensch, der Jesus heißt, machte einen Teig ... Und sie sagten zu ihm: Wo ist er? Er erwiderte: Ich weiß es nicht.
d) Sie führten ihn ... *zu den Pharisäern.* Wiederum fragten ihn nun auch die Pharisäer, wie er sehend geworden sei. Er aber sagte zu ihnen: Er legte mir einen Teig auf die Augen ... Da sagten etliche unter den Pharisäern: Dieser Mensch ist nicht von Gott, weil er den Sabbat nicht hält ... Sie sagten zu dem Blinden: Was sagst du über ihn, daß er dir die Augen aufgetan hat? Er aber sagte: Er ist ein Prophet.
e) Die Juden nun glaubten nicht von ihm, daß er blind gewesen und sehend geworden sei, bis sie seine ... *Eltern* gerufen hatten. Und sie fragten ihn: Ist dies euer Sohn, von dem ihr sagt, daß er blind geboren worden ist? Wie kann er denn jetzt sehen? Da antworteten seine Eltern und sagten: Wir wissen, daß dies unser Sohn ist und daß er blind geboren worden ist; wie er aber jetzt sehen kann, wissen wir nicht, oder wer ihm die Augen aufgetan hat, wissen wir nicht. Fragt ihn! ...
f, 1) Da riefen sie den *Menschen, der blind gewesen war*, zum zweitenmal und sagten zu ihm: Gib Gott die Ehre! Wir wissen, daß dieser Mensch ein Sünder ist. Jener antwortete nun: Ob er ein Sünder ist, weiß ich nicht; *eins weiß ich*, daß ich blind war und jetzt sehe.

f, 2) Darauf sagten sie zu ihm: Was hat er mit dir gemacht? Wie hat er dir die Augen aufgetan? Er antwortete ihnen: *Ich habe es euch schon gesagt* und ihr habt nicht darauf gehört; wollt ihr es noch einmal hören? Wollt ihr etwa auch seine Jünger werden?
f, 3) Und sie schmähten ihn und sagten: Du bist sein Jünger, wir aber sind Moses Jünger. Wir wissen, daß Gott zu Mose geredet hat; von diesem aber wissen wir nicht, woher er ist. Der Mensch antwortete und sagte zu ihnen: Das ist fürwahr verwunderlich, daß ihr nicht wißt, woher er ist, *und er hat mir doch die Augen* aufgetan.
g) Sie antworteten und sagten zu ihm: Du bist ganz in Sünden geboren, und du willst uns lehren? Und sie stießen ihn hinaus.
Jesus ... sprach zu ihm: Glaubst du an den Sohn des Menschen? Jener antwortete und sagte: Und wer ist es Herr, damit ich an ihn glaube? Jesus sprach zu ihm: Du hast ihn sogar gesehen, und der mit dir redet, der ist es. Er aber sprach: *Ich glaube Herr!* und warf sich vor ihm nieder.
h) Und Jesus sprach: Um ein Gericht herbeizuführen, bin ich in diese Welt gekommen, damit die Nichtsehenden sehen und die Sehenden blind werden. Einige der Pharisäer ... hörten dies und sagten zu ihm: Sind auch wir etwa blind? Jesus sprach zu ihnen: *Wenn ihr blind wäret, hättet ihr keine Sünde.* Nun aber sagt ihr: Wir sehen – Eure Sünde bleibt.«

Man kann diese Blindenheilung wie einen Kommentar lesen zu der Gestalt Jesu, in dessen menschlicher Zufälligkeit Gottes Notwendigkeit offenbar wurde. Wahrscheinlich ist sie eine meditative Weiterführung der Blindheilung bei Jericho, von der Lukas berichtet (Kap. 18). Auch dort beginnt es: Als der Blinde das Volk mit Jesus vorüberziehen hörte. Die Heilung selbst setzt sich fort (Kap. 19) mit der Berufung des Zachäus, wo wiederum der »Vorübergang« antönt: Und er kam nach Jericho hinein und wollte hindurchziehen. Und siehe, da war ein Mann mit Namen Zachäus ...
Die Geschichte beginnt mit »Im Vorübergehen«. In allen Gesprächen und Geschehnissen spiegelt sich der Gegensatz wieder

zwischen den einen, die die Zufälligkeit der Geschichte auflösen wollen in notwendige, klare Gesetzlichkeiten, und den anderen, die sich dem zufälligen »Vorübergang« Jesu öffnen und darin das »Eine Notwendige« (Luk 10) erfahren, Gott in Jesus Christus.

Die Frage der Jünger (die am Schluß von den Pharisäern aufgenommen wird) zeigt, daß sie irdische Ursächlichkeit suchen. Doch Jesus durchstößt das Denken in Raum und Zeit. Der Grund für die Blindheit liegt nicht in der Fassungskraft menschlicher Einsicht; er liegt im freien Ratschluß Gottes: Wir müssen die Werke tun ...

Das Heilungsgeschehen scheint den Kontrast wiederzugeben: Teig aus Speichel und Erde (liegt darin eine Anspielung auf die Erschaffung Adams?) gegenüber dem Einbrechen des Lichts in die Augen des Blinden. Der Blindgeborene selbst kann für sein neu geschenktes Licht der Augen (Licht verweist auf das ewige Leuchten Gottes) nur auf die »zufällig-notwendige Tatsache« seiner Begegnung mit Jesus verweisen. Die Antwort: Ich weiß es nicht! zeigt den Zufall. Und die Antwort an die Pharisäer: Er ist ein Prophet, läßt noch alles offen.

Die angstvolle Abweisung der Eltern: Fragt ihn, zeigt den gleichen Kontrast. Allen denen, die nicht glauben, bleibt die Tatsächlichkeit des göttlichen Eingriffs unerklärlich; ja, sie bereitet Angst.

In seiner zweiten Befragung sagt es der Blindgeborene ausdrücklich: Erst in der gläubigen Zuwendung zu Jesus geht die Einsicht in das Geschehen auf. Das aber heißt: Jesu Jünger werden.

Aber dann wird der Gegensatz auf die Spitze getrieben. Dort die Rückwendung zum Gesetz, wo alles seinen schon immer festgelegten Lauf nimmt; hier ist alle Zufälligkeit ausgemerzt. Demgegenüber steht die freie Offenheit zu Jesus, zur Begegnung, die nach außen wie ein Zufall erscheint. Wie groß dachte die johanneische Gemeinde von Jesus! In seinem zufälligen Vorübergang wird Gottes Licht sichtbar.

Der ausdrücklich gewordene Glaube des Blindgeborenen be-

zeugt noch einmal, daß nur im Glauben das Geschehen sinnvoll und hell werden kann.
Jesu letzte Worte stellen den Sinn des ganzen unerbittlich heraus. Das Sehen der Pharisäer ist ein Klammern an die festgelegten Notwendigkeiten dieser Welt; Sehen-Wollen ist Verstehen-Wollen; Verstehen heißt Durchschauen, heißt eine Klarheit haben, in der kein Zufall, keine Begegnung, keine Freiheit mehr Platz haben. Der Blinde aber verzichtet auf dieses »Sehen« und öffnet sich dem Augenblick, der Begegnung mit Jesus. Darin aber wird ihm das wahre Licht geschenkt. Er hat sein Auge auf Gott gerichtet, wo dieser Gegensatz von Notwendig–Zufällig kein Gegensatz mehr ist.
In all diesem Reden und Erzählen aber geht es nur um eines: Wer ist Jesus? Er ist, wie Johannes anderswo schreibt, das Licht in der Finsternis; Gottes Geist in menschlichem Fleisch; göttliche Notwendigkeit in geschichtlicher Zufälligkeit; er ist Gottes Ewigkeit in der Zeit der Menschen.
Der alttestamentliche Vorübergang Gottes hat sich auf eine einzige Raum-Zeit-Stelle, auf einen einzigen Menschen verdichtet: Und im Vorübergehen sah Jesus einen Blindgeborenen; und im Vorübergehen Jesu wurde Gottes Licht sichbar.

4. *Der Vorübergang des Auferstandenen* (Joh 20,14–17)

»Als Maria von Magdala dies gesagt hatte, wandte sie sich um. Und sie sah Jesus dastehen und wußte nicht, daß es Jesus war. Jesus sagte zu ihr: Weib, was weinst du? Wen suchst du? Jene, in der Meinung, es sei der Gärtner, sagt zu ihm: Herr, hast du ihn weggetragen, so sage mir, wo du ihn hingelegt hast, und ich will ihn holen. Jesus sagt zu ihr: Mariam! Da wendet sich diese um und sagt zu ihm auf hebräisch: Rabbuni! (das heißt Meister). Jesus sagt zu ihr: halte mich nicht fest; denn ich bin noch nicht zum Vater aufgefahren. Geh aber zu meinen Brüdern und sage ihnen: Ich fahre auf zu meinem Vater und eurem Vater und zu meinem Gott und eurem Gott.«

Alle Erzählungen von den Erscheinungen des Auferstandenen tragen Züge des Vorübergangs. Er ist plötzlich da: Aber sobald man ihn am Brechen des Brotes erkennt, wird er ungreifbar, er entschwindet. Die Johanneische Theologie vom Geist bringt die innere Gestalt dieses Vorübergangs gleichsam auf einen Nenner: »Es ist gut für euch, daß ich fortgehe. Denn wenn ich nicht fortginge, würde der Beistand nicht zu euch kommen ...«. »Der Geist aber weht wo er will«. Die trinitarische Theologie, die in den Texten der Mystiker spürbar ist, zeigt sich auch hier.

Am anziehendsten wird der Vorübergang des Auferstandenen in der Geschichte der *Maria von Magdala* geschildert. Der tiefe meditative Sinn zeigt sich an den Erzählnuancen des Berichts.

Sie wendet sich um und sieht Jesus, den sie aber nicht erkennt. Nicht nach physikalischer, aber nach liebender Logik wird sie sich noch einmal umwenden, wenn sie ihn erkennt und anspricht. Das Erkennen aber geschieht im Anreden: Mariam. Der griechische Urtext benutzt das aramäische Wort (Mariam, nicht Maria), um die Intimität der Begegnung zu malen. Die Zeitaussagen schwingen sich von der Vergangenheit in die Gegenwart hinein, wohl um die ewige Präsenz einer jeden Begegnung mit Jesus festzuhalten.

Maria will den Augenblick festhalten, will den Vorübergang aufhalten. Sie redet ihn an: Rabbuni. Der Auferstandene weist zurück: Halte mich nicht fest!

Aus dem Vorübergang des Herrn erhält Maria einen Auftrag. Die Worte dieser Sendung zeigen die Mittlerstelle Jesu. Weil er unser Bruder geworden ist, in all dieser irdischen Zufälligkeit, dürfen wir seinen Vater auch unseren Vater nennen, seinen Gott auch unseren Gott.

Marias Erfahrung ist ebenso wie die alttestamentlichen Gotteserfahrungen eingebettet zwischen der Traurigkeit, aus der sie kommt, und der Sendung, die sie erhält.

Im Vorübergang Jesu ist Gott an der Menschheit vorübergegangen.

Gottes Vorübergang ist konkret geworden in Jesus; im Menschen

Jesus ging Gott durch die Geschichte, ging an uns Menschen vorüber.
Aber der Höhepunkt dieses Vorübergangs ist festgehalten in der Anrede der beiden: Jesus sagt zu ihr: Mariam! Da wendet sich diese um und sagt zu ihm: Rabbuni!

C. Gotteserfahrung in der christlichen Mystik

Ein Zug der christlichen Gottesbegegnung und der biblischen Texte wurde hervorgehoben: Die Nähe und zugleich Ferne Gottes wird im Alten Testament als Vorübergang Gottes erfahren – an Mose, an Abraham, an Elia, an Jakob, an Tobias. In ihrer betenden Meditation wird sich die junge Gemeinde bewußt, daß sich dieser »Vorübergang Gottes« in Jesus Christus zur geschichtlichen Einmaligkeit verdichtete. Immer klarer verband man das »absichtslose« Umhergehen in Galiläa mit den Aussagen über Macht und Heilung, in denen sich die Ankunft des Reiches Gottes zeigte.
Es ist Erzählung und nicht Reflexion; deshalb muß man die Szenen meditieren und nicht nur theologisch analysieren. Die dichteste dieser Szenen aber ist die Begegnung des Auferstandenen mit Maria von Magdala. Es verwundert nicht, daß das Madonnenfromme Mittelalter in einer gewissen Eifersucht die Erstbegegnung mit dem Sieger über den Tod lieber der Maria aus Nazaret als der Maria aus Magdala zuwies.
Für den Glaubenden wird der Vorübergang des Herrn zur Begegnung. All die Züge des Vorübergangs Jahwes sind in diese Begegnung eingezeichnet. Traurigkeit, Ankommen Gottes. Erleuchtung und Freude, Entscheidung des Menschen für Gott (deshalb wendet sich Maria zum zweiten Male um), Sendung zu den anderen Menschen, Weggang Gottes: Halte mich nicht fest.
Wo künftig christliche Mystik, christliche Gotteserfahrung geschieht, trägt sie die Züge dieses »Vorübergangs«. Alle angeführten Zeugnisse berichten davon.
Das Neue Testament kennt keine andere Mystik. Und wo man in

einigen Texten eine Art von un- oder über-personaler Versenkungs- und Einheits-Mystik finden will, muß man nur die ganzen Texte lesen, um den Irrtum zu erkennen.
Im hohenpriesterlichen Gebet Jesu (Joh 17,10.22f.) stehen folgende Sätze:

»Denn sie sind dein, und alles, was mein ist, das ist dein, und was dein ist, das ist mein …
damit sie eins seien, wie wir eins sind, ich in ihnen und du in mir …«

In diesen Worten steht Begegnung und nicht Verschmelzung, steht Beziehung und nicht Versinken. *Martin Buber* setzt sich von dem indischen Weisen, *Vivekanda*, ab, der in den johanneischen Worten seine eigene Weltsicht finden wollte. Martin Buber schreibt:

»Daß die Berufung auf das ›sind eins‹ nicht begründet ist, wird jedem offenbar, der unbefangen Abschnitt für Abschnitt das Evangelium des Johannes liest. Es ist recht eigentlich das Evangelium der reinen Beziehung. Hier ist Wahreres als der geläufige Mystenvers: Ich bin du und du bist ich. Der Vater und der Sohn, die Wesensgleichen – wir dürfen sagen: Gott und Mensch, die Wesensgleichen, sind die unaufhebbar wirklichen Zwei, die zwei Träger der Beziehung, die von Gott zum Menschen Sendung und Befehl, vom Menschen zu Gott Schauen und Vernehmen, zwischen beiden Erkenntnis und Liebe heißt … alle modernen Versuche, diese Urwirklichkeit der Zwiesprache in ein Verhältnis des Ich zum Selbst oder dergleichen, in einen der sich selbst genügenden Innerlichkeit des Menschen beschlossenen Vorgangs umzudeuten, sind vergeblich …«

Aus der Galaterstelle (2,19–20): »Jesus lebt in mir«, pflegt man auch eine Identifikation herauszulesen. Aber im Zusammenhang bringt der Text viel eher den Schmerz des Kreuzes als die Süße der Vereinigung zur Sprache:

»Denn ich bin durch das Gesetz dem Gesetz gestorben, damit ich Gott lebe. Ich bin mit Christus gekreuzigt; ich lebe, aber nicht mehr ich, sondern Christus lebt in mir. Was ich aber jetzt im Fleische lebe, das lebe ich im Glauben an den Sohn Gottes, der mich geliebt und sich für mich dahingegeben hat.«

Franz von Sales hat recht, wenn er im oben abgedruckten Text dieses »Christus lebt in mir« nicht auf eine »En-Stase« (Eingehen in Innerlichkeit), sondern auf die »Ek-Stase (Ausgehen zum anderen) von Leben und Wirken« auslegt.
Auch den dritten, immer wieder zitierten Text der Apostelgeschichte (17,24–32) muß man nur im Zusammenhang lesen, um den rechten Sinn zu verstehen. Paulus predigt in Athen:

»Was ihr nun ohne zu kennen verehrt, das verkünde ich euch. Gott, der die Welt geschaffen hat und alles, was darin ist, er ... wohnt nicht in Tempeln ... In ihm leben wir, bewegen wir uns und sind wir, wie ja auch einige von euren Dichtern gesagt haben: Seines Geschlechts sind wir ja auch ...«

Paulus führt diese gemeinsame Gesprächsbasis weiter zum christlichen Zentrum:

»Jetzt aber läßt er den Menschen verkünden, daß sie alle überall Buße tun sollen, wie er denn einen Tag festgesetzt hat, an dem er den ganzen Erdkreis mit Gerechtigkeit richten wird durch einen Mann, den er dafür bestimmte. Und er hat ihn für jedermann dadurch beglaubigt, daß er ihn von den Toten auferweckt hat.«

Jetzt ist die Mitte des Christentums ausgesprochen. Die Reaktion der Zuhörer ist – damals wie heute – sehr deutlich:

»Als sie aber von der Auferstehung der Toten hörten, spotteten die einen; die anderen sagten: Wir wollen dich darüber ein anderes Mal hören.«

Das wohlwollende Verstehen wird zu Spott und zur Verachtung, sobald der Name und die konkrete Wirklichkeit Jesu berührt werden.
Er aber ist es, der die Erfahrung des Seins oder des Absoluten oder des Selbst erst zur christlichen Mystik weiterführt. Wer die Texte – von Gregor von Nyssa bis zu Franz von Sales – meditierend liest, wird erfahren, daß mit Jesu die Erfüllung all dessen geschenkt ist, was jede echte Mystik (auch die der Einheit und der Versenkung) erträumt: *Daß im Du Gottes die Fülle der Wirklichkeit als ein einziger Zuspruch erfahren wird.*
Dies aber war es, was Maria von Magdala in ihrer Begegnung mit Jesus geschah. Es gibt keinen treffenderen Bibeltext zum Verständnis der christlichen Mystik. Alle mystischen Erfahrungen der christlichen Tradition messen sich an den beiden Worten:

»Jesus sagt zu ihr: Mariam!
Da wendet sich diese um und sagt zu ihm: Rabbuni!«

Quellen- und Literaturhinweise

1. Die Zusammenstellung vorliegender Texte entstand während meiner Vorlesungen an der Harvard-University, Cambridge USA 1974–75. Den Teilnehmern am Seminar sei an dieser Stelle ausdrücklich gedankt.

2. Für die Überlassung der Übersetzung des Textes von Gregor von Nyssa haben wir Hans Urs von Balthasar zu danken.

Gregor von Nyssa: Der versiegelte Quell, Auslegung des Hohenliedes, 2. durchgesehene Auflage, Einsiedeln 1954, 93–97.

Die übrigen Texte wurden vom Verfasser übersetzt. Die Urtexte finden sich an folgenden Stellen:

Augustinus: Patrologia Latina, J.-P. Migne, Paris 1845, T. 36, 464–476.

Bernhard: Opera I, Sermones super Cantica Canticorum, (Leclercq, Talbot, Rochais) 1, Rom 1957, 36–42.

Meister Eckhart: Die deutschen Werke, Predigten III (J. Quint), Stuttgart 1976, 481–492.

Franz von Sales: Traite de l'amour de Dieu II (Oeuvres V), Annecy 1894, 20–32. Überschriften und Einteilungen stammen von mir.

Die biblische Meditation stützt sich auf die exegetischen Einsichten von *Ernst Lohmeyer*: Urchristliche Mystik, Darmstadt 1958, Neuauflage (Und Jesus ging vorüber, 57–79), und *Martin Hengel*: Nachfolge und Charisma, Tübingen 1968.

Spezielle Bibelübersetzungen stammen aus

Martin Buber: Bücher der Geschichte, Lambert Schneider, Heidelberg[7] 1979.

Walther Zimmerli: Ezechiel (Biblischer Kommentar XIII), Neukirchener Verlag, 1969.

3a) Die Sicht der Einleitung ist breiter dargelegt und ausführlicher begründet in anderen Arbeiten des Verfassers:

Josef Sudbrack: Herausgefordert zur Meditation, Christliche Erfahrung im Gespräch mit dem Osten, Freiburg 1977, 98–140.

Ders.: Meditation: Theorie und Praxis, Würzburg 1971.

b) Zu den Texten:

Ders.: Die Geist-Einheit von Heilsgeheimnis und Heilserfahrung, in: Das Mysterium und die Mystik (Hg.), Würzburg 1974, 9–55.

Ders.: »Daß unser Beten Erfahrung werde«, Theol. Rev. 73, 1977, 353–366.

Ders.: Einübung der Hoffnung; Über Verheißung und Versuchung des christlichen Meditierens, GuL 51, 1978. Dort finden sich weitere Belege zu den Zitaten.

Ders.: Erfahrung einer Liebe, Teresa von Avilas Mystik als Begegnung mit Gott, Freiburg 1979.

4. Weitere Literatur:

E. Benz: Geist und Landschaft, Stuttgart 1972.

A. Bertholet, H. Freiherr von Campenhausen, K. Goldammer: Wörterbuch der Religionen, Stuttgart 1976, 400f.

L. Bouyer: »Mystisch« – Zur Geschichte eines Wortes, in: Die Mystik und das Mysterium, s. o.

Martin Buber: Werke I, München 19, 135–142.

L. Gardet: Epériences mystiques en terres non-chrétiennes, Paris 1953.

A. M. Haas: Nim din selbes war, Studien zur Lehre von der Selbsterkenntnis bei Meister Eckhart, Johannes Tauler und Heinrich Seuse, Freiburg 1971.

H.-E. Jaeger: La Mystique Protestante et Anglicane, in Ravier, Mystique et les mystiques, Paris 1965.

Johannes vom Kreuz: Lebendige Liebesflamme, München 1924, 100f.

E. Jüngel: Gott als Geheimnis der Welt, Tübingen 1977, 211.
J. M. Kitagawa: Gibt es ein Verstehen fremder Religionen?, Leiden 1963, 64.
J. Koch: Kleine Schriften I, Rom 1973.
Ignatius von Loyola: Die Exerzitien, übertr. v. Hans Urs von Balthasar, Einsiedeln, 1954, Nr. 365.
W. Massa: Vorwort zu: Kontemplative Meditation, Die Wolke des Nichtwissens, Mainz 1974.
L. Massignon: La Passion de Hsayn Ibn Mansûr Hallâj, Paris 1975.
K.-H. Zur Mühlen: Nos extra nos, Luthers Theologie zwischen Mystik und Scholastik, Tübingen 1972.
K. Rahner: Brief an K. J. Fischer, in: Der Mensch als Geheimnis, Die Anthropologie Karl Rahners, Freiburg 1974, 406.
K. Rahner: Vorwort zu: C. Albrecht, Das Mystische Wort, Mainz 1974, XII (Die Fassung im 12. Band der Schriften zur Theologie ist weniger kompliziert, aber sachlich vereinfachend).
Yasutani Rôshi: Die drei Pfeiler des Zen (Hg. Ph. Kapleau), Zürich 1969.
Seyppel: in: Das Mysterium und die Mystik, (s. o.) 138f.
Die Suche nach dem anderen Zustand, Wiederkehr der Mystik?, Herderbücherei Initiative 15, hg. von G.-Kl. Kaltenbrunner, Freiburg 1975.
Sämtliche Schriften der hl. Theresia von Jesus, München 1931, V 178; II 28; I 204–215.
Shizuteru Ueda: Die Gottesgeburt in der Seele und der Durchbruch zur Gottheit. Die Mystische Anthropologie Meister Eckharts und ihre Konfrontation mit der Mystik des Zen-Buddhismus, Gütersloh 1965.
Das »Vejamen« (die Kritik an Johannes vom Kreuz) nach Obras completeas, Madrid 1962, 1096.
Fr.-A. Viallet: Zen, Weg zum Andern, Weilheim, 1972.
R. C. Zaehner: Concordant discord, The interdependence of faiths, Oxford, 1970.